KROPSNATURENS VIRKELIGHED.

Flemming Bruhn

Flemming Bruhn
Kropsnaturens Virkelighed

© 2006 Forlaget "Aktiv Management"

Layout og opsætning:
Aktiv Management

Tryk:
Books on Demand GmbH
Norderstedt

Isbn: 87-991368-0-5

2 udgave, 1 oplag 2006

Jorden og Stjernehimmelen brugt til bogens
omslag kan findes på henholdsvis
http://Hubblesite.org & http://visibleearth.nasa.gov

INDHOLD:
DEL 1:

1. FORORD 1

2. PROAPPENDIKS 3

3. INDLEDNING 13
   - 3.1 Hvorfor skrives denne bog 13
   - 3.2 Skriveform 15
   - 3.3 Hvem er målgruppen? 16
   - 3.4 Fravalg af utidssvarende begreber, fordomme og myter. 18
   - 3.5 Holdning til mediernes videninformation. 24

4. HVORFOR MODSTAND MOD FORANDRINGER? 27
   - 4.1 Kirkens holdning til den spirituelle udfoldelse og den universelle intelligens 29
   - 4.2 Videnskabens holdning til den universelle intelligens og universelle bevidsthed. 31
   - 4.3 "Og så er der lige". 34
   - 4.4 Konklusion. 34

5. KVANTEFYSIKKEN SOM BINDEMIDDEL 39
   - 5.1 Hvorfor kan kvantefysikken fungere som bindemiddel? 40
   - 5.2 Derfor brugbar! 41

6. KVANTEFYSIKKEN 45

6.1 Lidt historie. 45
6.2 Kvantefysikkens molekylære baggrund 48
6.3 Særlige kvantekarakteristika 50
6.4 Særlige kvanteorienterede personers kommentarer. 52
6.5 Beskrivelse af udvalgte kropslige termer og funktioner der forstærkes af kvantefysikkens teori 56

6.5.1 Bevidsthed 57
6.5.2 Nervesystemet 57
6.5.3 Synapseproces og kløften 58
6.5.4 Neurotransmittere og neuropeptider 61
6.5.5 DNA'et og andre intelligente molekyler og celler 63
6.5.6 Immunsystemet, (immunologi) 65
6.5.7 Huden 67
6.5.8 Frontallapområdet, den præfrontale og orbitale cortex 68
6.5.9 Tankeprocessen 69
6.5.10 Virtuelle partikler og overgange 71
6.5.11 Trance- og flowbegrebet 72

6.6 Hvad sker der egentlig i kvantemekanikken? 72
6.7 Kvantefysikkens paradokser og problemskaber 75

7. HALLELUJA 85

DEL 2:

8. "FOKUS", UNIVERSETS ASSOCIERING MED KVANTEFYSIKKEN 89

    8.1 På hvilket teoretisk grundlag opfattes universet set ud fra *"FOKUS"* krops- og behandlingsteorien? 89

        8.1.1 Det paradoksale mirakel 92
        8.1.2 Den universelle intelligens 94
        8.1.3 Den universelle bevidsthed 95
        8.1.4 Målrettet opmærksomhed 97

    8.2 Hvorfor kan kropsgenopretningsprocessen tage afsæt fra kvantefysikken 99

9. BAGGRUNDSOPLYSNINGER IMPLICIT I *"FOKUS"*.101

    9.1 Kropsopfattelse 102
    9.2 Andre kropslige baggrunde 102

        9.2.1 Kropssygdom 102
        9.2.2 Energi/healingskraft 105
        9.2.3 Sansning 107
        9.2.4 Smertetilstedeværelse 114
        9.2.5 Placebobegrebet 116
        9.2.6 Placeboeffekt, positiv tænkning 117

    9.3 Parternes forudsætninger 119
        9.3.1 Behandlerens profil 119
        9.3.2 Hvad er klientens opgave? 121

10. *"FOKUS", KROPSGENOPRETNINGSPROCES*   123
    10.1.1 Behandlerens handling før *"FOKUS"* **126**
    10.1.2 Kvantekropslig reaktion før *"FOKUS"* **127**
    10.2.1 Behandlerens handling under *"FOKUS"* **129**
    10.2.2 Kvantekropslig reaktion under *"FOKUS"* **131**
    10.3.1 Behandlerens handling efter *"FOKUS"* **139**
    10.3.2 Kvantekropslig reaktion efter *"FOKUS"* **139**

11. AFSLUTNING og HOVEDKONKLUSION 143
    11.1   Hvorfor? – Derfor! **147**
    11.2   Accept af **148**

12. POSTAPPENDIKS 151

1.

FORORD

En fornemmelse af, at "stå alene" med ryggen mod muren, både som selvstændig terapeut og som repræsentant for det alternative miljø, er på det seneste afløst af en ren og god fornemmelse af, at udgivelsen af denne bog trækker i den rigtige retning.

Udgivelsen er styret af en slags troværdighedssituation.

Jeg har på intet tidspunkt haft problemer med at se mig selv i øjnene i forhold til den indsats, jeg har stået for.

Men efter mange års klientbehandling mener jeg, at jeg skylder disse og samfundet en konkret dokumentation for, på hvilket grundlag jeg praktiserer mit arbejde.

Derfor er bogen også uden indflydelse af andres meninger.

Den omkostning jeg påfører mig selv ved egen udgivelse, har jeg været parat til at acceptere lige fra opstarten.

Så i virkeligheden er min bog, en stor tak til de klienter der har vist tillid til mig og til alle de, der praktiserer i det alternative miljø.

Rigtig mange tak.

Så derfor: Et hallelujA, lovet være GUð.

Her mener jeg SKABEREN, og kan derfor udtrykke

det som i kvantefysikken:

"Intet er, uden det observeres".

Frederiksværk, Maj 2006
Flemming Bruhn, optimist.

2.

APPENDIKSINDHOLD (PRO/POST).

Proappendiks, Rød tråd, Vores Univers, Liv.
Postappendiks, Gener, Tanker og Hukommelse.

Når bogen har appendiksindhold, skyldes det, at mit faglige arbejde som terapeut i høj grad er højnet efter, at jeg har indarbejdet forståelsen for kvantefysikken, dens grundlag og muligheder.

Samtidig har denne viden efter min opfattelse, dannet mulighed for opklaring, eller i hvert fald at kunne forfølge sporet mod opklaring, af mange uopklarede spørgsmål der vedrører menneskets krop.

Endvidere er min engagement og anvendelse af kropsgenopretning baseret på kvanteteknisk grundlag, blevet forstærket gennem den opnåede viden. Appendiksdelene, henholdsvis proappendiks og postappendiks, er skrevet ud fra forfatterens egen opfattelse af de pågældende emner, men har ophav i tilgængeligt materiale.

Jeg er således parat til at møde "hvem som helst" i en diskussion om mine påstande.

Hvorvidt påstandene er korrekte, vil kun eftertiden kunne bevise.

PROAPPENDIKS.

DEN RØDE TRÅD (1),
VORES UNIVERS OPSTÅEN (2)
og LIV (3)

1. DEN RØDE TRÅD.

Tråden er, at *den organiserede helbredende, ultimative enhed* bevæger sig fra start til slut i intetheden, styrket af kvantemekanismens elementære teori.

2. VORES UNIVERS OPSTÅEN.

Min bog tager udgangspunkt i den **kvantemekaniske** teori som forståelsesbaggrund for, hvorfor mennesket kan helbrede sig selv.

Hverken jeg eller læseren behøver at forstå dette fantastiske fysiske, videnskabelige produkt med dets formler i fuldt omfang, for at kunne følge mig mod mit mål i denne bog.

Forklaringen på, at jeg bruger kvanteteorien er, at den indgår som væsentlig dokumentation for vores univers opståen, og baggrunden herfor.

For at du som læser kan godkende kvanteteorien som medspiller i menneskets helbredelse, er jeg nødt til at påpege teoriens medvirken i opklaringen af nogle af de fænomener, der opstod ved vores univers opståen.

Derfor lidt information om vores univers skabelse:

"**The Big Bang**" (TBB) er det videnskabelige og accepterede udtryk for det tidspunkt, hvor vores univers blev til.

Massetilstanden var en ildkugle med et indhold på ca. 75 % brint og ca. 23 % helium samt udefinerbare enheder for "resten af pengene".

Situationen udspiller sig for ca. 20 milliarder år siden. Igennem det 20 årh. dukkede der mange forskellige delproblemer op. De opstod i forbindelse med forsøget på at udarbejde en samlet konklusion på skabelsen af vores univers.

Hovedparten af disse delproblemer er irrelevante for denne bog, men enkelte er til gengæld ret så afgørende.

Forklaringen på, at videnskaben i dag er ret sikker i sin sag vedrørende vores univers, om hvad konklusionen på den samlede problemstilling skal lyde på, skyldes henholdsvis den **generelle relativitetsteori og kvantefysikken.**

De to nævnte teorier dækker fuldt ud det nødvendige dokumentationsgrundlag. For den første teoris vedkommende de meget store forhold, universet og for den anden de meget små, subatomare forhold.

I denne bogs sammenhæng har jeg kun brug for at påpege, at kvanteteorien indgår som det bærende for konklusionen på vores univers tilblivelse.

Videnskabens konklusion er publiceret og der er bred opbakning. Det er forståeligt, at forskerne og beregnerne meget gerne vil frem med et resultat, hvad de så har gjort. Problemet er imidlertid, at det er et resultat med modifikationer. Der er ikke tale om et resultat fra en facitliste.

Der henstår følgende væsentlige problemer:

1. "Vil det lykkes videnskaben gennem formler at komme frem til "det øjeblik", hvor det skete, og dermed tilbagerykke "The Big Bang" til egentlig t=0, hvorved der skabes sammenfald for "The Big Bang".

I dag mangler der mellem en hundrede del og en tusindedel af et sekund. Endvidere løsningen af en anden væsentlig problemstilling:

2. "Hvilken detonator var til stede i skabelsesøjeblikket og som skabte ildkuglen med dens bestanddele"?

Uklarheden skyldes flere indlagte forudsætninger, der godt nok er vendt og drejet, og fundet anvendelige, men det er ikke lykkedes helt at fjerne usikkerheden eller uforklarligheden.

Modsat har videnskaben i den mangelfulde situation om at der mangler et 100 % sammenfald ikke mødt en beviselig opponent, hvorfor konklusionen fremstår som brugbar. Måske skulle videnskaben give **metafysikken** et come back. Det ville der være god fornuft i.

Eller rettere, at lade metafysikken danne brohoved til kvantefysikkens uforklarlighed. Jeg ved godt at Vatikankonferencen i 1981 tog afsked med metafysikken som helhed, men begrebet er ikke til at komme udenom og blot nedlægge.

For ved samme konference udtalte Paven i øvrigt, at det var ok at arbejde med teorier der omhandlede **TBB**, men perioden forud, altså til det egentlige skabelsesøjeblik, tilhørte *Gud*. Heri er Paven og jeg ganske enige.

Min bog vil imidlertid afsløre, at Paven og jeg ikke har helt den samme forudsætning indvejet som begrundelse, men jeg tager gerne hans udtalelse til indtægt. Pavens opbakning bliver altså mere en trossag.

For mit vedkommende gør jeg uforklarligheden til *min forklarlighed*, idet jeg antager at den videnskabelige standardmodel for TBB er korrekt, og således efterlader en rest af uforklarlighed, som jeg kan gøre brug af.

3. LIV.

Mennesket har altid forsøgt at finde ud af, om vor jordklode er den eneste planet i vores univers, på hvilken der er liv. En af flere vigtige dele i søgekriteriet er, om der findes emner for liv andetsteds end på Jorden, og om der findes vand på emnet.

Det er egentlig ikke så besynderligt at netop vand er forudsætningen for opretholdelse af liv, da 60-80 % af mennesket består af vand bundet til vore celler og molekylære strukturer.

Samtidig er vand den molekylære forbindelse, der indeholder noget nær de to laveste atomvægte, nemlig brint og ilt.

Jeg har tidligere omtalt at vores univers er ca. 20 milliarder år gammelt. Visse forskere mener at det befinder sig i en meget fin balanceakt mellem at fortsætte sin udvidelse eller falde sammen.

Sammensætningen af vores i dag kolde univers stammer fra tidspunktet ca. 4 minutter efter TBB, og består af de nævnte 75 % brint og næsten 25 % helium samt en svag baggrundsstråling.

I dette "intethed" er der muligheder for molekylære forbindelser. Synsindtrykket er selvsagt afhængigt af, hvor betragteren befinder sig. Stjernerne er samlet i varme stjernehober, galakser.

På vejen frem mod en begyndende periode med **LIV,** hengår der 15 milliarder år, således at tiden er 5 milliarder år fra vor tidsregning.

På det tidspunkt menes vores solsystem, hvor solen er en stjerne med et antal planeter i omkreds af sig, at blive dannet.. Med solen som omdrejningspunkt og som livsbetinget tilstedeværelse, opstår der af uforklarlige årsager, ca. 3 milliarder år før vor tidsregning, et miljø på en af solens planeter, **Jorden**, der medfører at en celleenhed uden kerne opstår som liv.

Udviklingen fortsætter, og ca. 2 milliarder år før vor tidsregning opstår de første flercellede organismer med en kerne, som den kendes i dag. Denne cellestruktur med indhold, har altså været med hele vejen gennem de 20 milliarder år, og blot ventet på *det rigtige tidspunkt.*

Menneskene strides i al venskabelighed om, hvem der kom først. Ægget eller hønen.

En anden beslægtet diskussion kunne være: **"Hvornår kom jeg ind i billedet"?**

Mig kender du sikkert kun af omtale. Jeg kan kun ses og iagttages under særlige betingelser. Jeg er menneskets mindste celle på kun 5 my eller ca. 0,0005 mm. Jeg kommer fra testikel området, der er en delstat, og styret fra hypofysen.

Mit liv er kort, men enkelt. Jeg skal finde min partner, der er 40 gange så stor som jeg, og er menneskets største celle. Det kan være svært, for selv om jeg ved hvor hun bor, er det en meget farefuld vandring, og samtidig lukker hun mig meget sjældent ind, selv om hun er hjemme. Tager hun ikke imod, er det min visse død. Sådan er det.

Det blev sen aftenstund før alarmen lød: "Af sted, af sted". Hele dagen havde jeg været i højeste beredskab. Nu gjaldt det. Af krogede og snævre gange susede jeg ad sted. Vidste præcist hvor jeg skulle hen og at tiden var knap.

Hvorfra havde jeg egentlig den viden? Min krop er der ikke meget at fortælle om. Den er ligesom de fleste af mine kolleger indenfor celleverden. Vi er mange forskellige familier. Over 250.

De vigtigste og fornemste er **stamceller**. De ændrer sig aldrig i deres levetid. Alle vi andre familier har hvert vores særkende. Nogle er kommunikationsceller, neuroner, andre er særlige sundhedsceller som f.eks. lymfocytte familien osv.

Jeg er en sædcelle. Min cellekerne er interessant.

Kernen indeholder dels oplysninger om, hvordan den krop jeg er i, er blevet til, **DNA'et** og dels informationer om, hvem jeg lige præcist er, og at jeg er en sædcelle.

DNA'et har tilbagefald til universets start og dets intelligens, medens andet i cellekernen (**RNA'et**) er organisering af min aktuelle og fremtidige mission.

Altså er det RNA'et, der har sat alarmen i gang og sendt mig ud på min mission. Pudsigt nok er næsten hele mit **DNA** start set up identisk med dyreverdenens chimpanse. Det vækker til eftertanke.

Efter at der er gået et vist tidsrum i denne aftenstund, møder jeg så min partner, ægcellen. Hun er godt nok stor. Over 40 gange større end jeg.

Det er så på en af de dage, hvor hun er modtagelig for min smiger og vi smelter sammen.

Der er nu en stor organiseret travlhed. Hver for sig har vi haft gaver (kromosomer, gener) med, og vi skal nu vælge blandt de mange tilbud om, hvordan vor fælles fremtoning skal være.

Ud fra denne situation og valg forsvinder vor tidligere identitet, og vi bliver en kerne, en stamcelle, for er vi egentlig ikke cellernes celle?

Herefter begynder vi straks at dele den fælles kærne til flere og flere nye celler. Mange vil i de første dage være stamceller og aldrig ændre sig, men de bliver i undertal idet **DNA'et** efter nogle dage bestemmer, at nogle af stamcellerne skal danne særlige linier med hver deres specialceller.

Og så går det bare derudaf.

For menneskets vedkommende går der f.eks. ca. 3 uger førend de første byggesten til hjernen bliver lagt, og det er ikke vor højt berømmede neocortex der ser dagens lys først. Den er faktisk først færdigdannet i senpuberteten.

En anden spændende viden er, at livets skal, kroppen, faktisk konstant skiftes ud. Celler dør og nye kommer til (bortset fra nogle ganske få), skelettet skiftes gradvist ud, organernes molekylære sammensætninger fornyes også. Kroppen er en stor sammenhængende levende mekanisme, og måske derfor er mennesket så sårbart.

Men tilbage til sagens kerne.

Selv om det åbenbart ser ud som om det er mig, der skaber livet, så vil jeg gerne pege på, at jeg indeholder en særlig beriget enhed, som går forud for min evne til at skabe liv.

Hvad **det** er, hører du om efterfølgende.

Det er muligt du ikke forstår det hele, men behøver du at forstå det?

Du kan i hvert fald ikke spørge nogen!

"Flere end en person bekræfter ikke

LIVET,

men

LIVET

bliver meningsfyldt med flere

end en person".

3.

INDLEDNING

3.1 HVORFOR SKRIVES DENNE BOG.

Verden venter på et omfattende gennembrud for global sameksistens. Behovet aktualiseres netop i disse dage, hvor der eksempelvis er stor mangel på forståelse mellem forskellige religioner og kulturer, og hvor den manglende forståelse, har givet uheldige sammenstød.

Udsigten til bedre sameksistens synes imidlertid vanskelig. Starten af 2006 viser med al tydelighed, at befolkningerne i forskellige land områder, ikke er parate. Primært på grund af religion, kulturkløft og magt.

På samme vis, kunne man i Danmark håbe på et gennembrud for et nyere og opgraderet sundhedssystem i stedet for det gamle. Et system, hvor der bliver givet mere plads og luft til sundhedsforbedrende initiativer, der rækker ud over de i dag kendte.

Et sundhedssystem der vil give mere plads til *de alternative behandlere*. En sådan ændring vil med stor sandsynlighed gavne det samlede sundhedssystem og dermed befolkningen.

Min bog skal være et velmenende debatoplæg, der vil pege på nødvendigheden af, at der snarest tilbydes et sådant forbedret system.

I Danmark bør fronten mellem det etablerede sundhedssystem og det alternative opblødes noget mere.

På den ene side, det alternative miljø, der repræsenterer menneskets naturlige tilhørssted og fællesskab med **universet og naturen**, og på den anden side **kirken og videnskaberne**.

Alternative behandlere har det lidt som humlebiens adfærd: Vi ved at behandling kan lykkes og går i gang, selv om betingelserne ifølge de kloge hoveder ikke er til stede.

Mange århundreders "heksejagt" og nedgøring, rettet mod et meget stort antal personers målrettede indsats, bør stoppes nu!

Disse personer udøver en stor indsats og forsøger i bedste mening, at give menneskeheden et *liv* med alternativ mulighed for større kvalitetsindhold, takket være en forbedret helbredstilstand.

Disse personer bør, i lighed med forhold der eksisterer i andre lande, have en langt større grad af accept og velvilje fra det etablerede samfunds sundhedsvæsen.

Indtil nu har det forholdt sig sådan, at kirken og videnskaben, gennem de sidste 500 år bevidst har forsøgt at nedgøre viden og resultater, der er opnået gennem det alternative miljøs opfattelse og igangsættelse.

det alternative behandlingsmiljø står for det årsagsbehandlende med vægt på ind og medleven i klientens verden. Det vedkender sig **naturen** og dens *universelle bevidsthed*.

En anden, men ikke mindre vigtig grund til at skrive denne bog, er min erkendelse af, at hvis ovennævnte udvidede samarbejde skal lykkes, da er det nødvendigt, at påvise de alternative behandleres kvalifikationer, og som noget meget essentielt, på hvilket grundlag behandlingen funderer sig.

> Jeg oplever **kvantefysikken/mekanikken** som den mulige *mediator* mellem det eksisterende sundhedsvæsen og et stort felt indenfor den alternative behandling

Jeg regner derfor med, at min bog læses ud fra disse to forudsætninger.

3.2 SKRIVEFORM

Jeg har valgt følgende skrifttyper for at gøre det nemmere for læseren at bedre at kunne overskue situationen:

1. Denne skrifttype relaterer til *en skaber, guð, noget spirituelt.*
2. Denne skrifttype relaterer til **det videnskabeligt dokumenterede, teser, udtryk.**
3. Denne skrifttype relaterer til *Forfatterens egne opfattelser og påstande:*

Så hver gang væsentlige begreber første gang "popper op" i et afsnit, markeres det i forhold til klassificeringen.

Jeg undlader bevidst i stort omfang at lade mine udtalelser og teser følge af henvisninger til førtidige filosofiske og videnskabelige udsagn og dokumentationer.

Endvidere har jeg bevidst undladt nedarvede og fordums vedhængte udtryk som: Ånd, Gud, sjæl, sind, chakraer eller lignende.

Dette valg er ikke fordi jeg ikke tillægger dem værdi, tværtimod, men fordi jeg mener, at fravælgelsen gør mit produkts begrundelser mere objektive.

Jeg forventer, at andre personer end de oplyste målgrupper får bogen i hænde. Ved at fravælge omtalte meget værdiladede ord, skulle det give bedre muligheder for at alle læsere, kan anvende eget definitionsgrundlag.

Har til gengæld anvendt videnskabelige fagudtryk i et nødvendigt omfang.

3.3 HVEM ER MÅLGRUPPEN?
Den er lidt vanskelig at udpege.

På den ene side vil jeg gerne ramme diverse forskere og medier, der har forståelse for og lyst til en dialog med det alternative miljø.

Men på den anden side, vil jeg også gerne forklare den store del af befolkningen, der interesserer sig for og anvender de alternative behandlere, hvorfor vi så ofte lykkes i vor behandling.

Hvad den egentlig går ud på, og at vi handler på et funderet grundlag

MÅLGRUPPER:

1. Er mennesker der gennem eget virke og i faglighedens tjeneste arbejder med og i forskelligartede grene af sundhedsvæsenet, samt er med til at udvikle den.

2. Er seriøst arbejdende kollegaer, der arbejder i det såkaldte alternative miljø.

3. Er den store del af befolkningen der har opsøgt det alternative behandlingsmiljø og som kan se værdien deraf.

Jeg forventer ikke fuld opbakning fra disse meget forskellige grupperinger, i forsøget på at komme længere i retning af et langt bedre resultatorienteret behandlingsmiljø i Danmark.

Men regner med en bedre dialog og at gruppe 2 bliver bedre til at finde sammen og i øvrigt medvirker til at få fjernet de uheldige behandlere i miljøet gennem bedre organisering.

Hvad gruppe 3 angår, regner jeg med større opbakning, når de alternative behandlere udskifter etiketten: alternative, og i stedet seriøst søger og bliver accepteret som: **komplementær behandlere,** i en udvidet ordning af den allerede påbegyndte RAB ordning.

3.4 FRAVALG AF UTIDSSVARENDE BEGREBER, FORDOMME OG MYTER.

Jeg har som nævnt målrettet fravalgt brugen af nedennævnte ord. Jeg begrunder hvorfor.

Min bog skal først og fremmest opfattes som et nutidigt værk til brug i en aktuel debat. Endvidere er det min ambition, at undlade at anvende begreber og termer fra den alternative verden, der ikke passer ind i gennemsnitsmenneskets opfattelse.

Dette er ikke nævnt for at underkende værdien og respekten for læserens eventuelle holdninger, og især de med religiøs valør, men jeg mener at jeg må skære helt ind til benet, hvis mit budskab skal opfattes.

Jeg kender til de gængse udtryk indenfor alle grupperinger, men der er i dag så megen begrebsforvirring, vanetænkning, sammenblandinger og ønsketænkning, at det øger afstanden til den gensidige accept, forståelse og kommunikationsgrundlag.

Jeg har også stor respekt for østerlandske førtidige som nulevende guruer, ligesom vestens tidlige eller senere filosoffer, men deres udlægninger kan være eller er overhalet indenom.

Der er brug for **nytænkning**, og en bedre begrebsterminologi. Den bør bygge et landligt og tværlandligt forståelsesgrundlag op, ikke mindst på baggrund af alle udtalelser om den stærkt stigende globalisering.

Jeg er ikke fanatisk tilhænger af rationel tænkning, men meget har altså ændret sig i den verden vi lever i, så en udtømning af visse begrebsopfattelser, må være ok.

ÅND og GUD

Disse ord relaterer sig til begrebet religion og tilhører et privat trosanliggende og grundlag.

FB: *Jeg kan imidlertid ikke undgå at komme i nærheden af essensen af ordene, det handler min bog faktisk om, men den har ikke noget med religion at gøre.*

Ordene giver desværre anledning til fortolkning og forskelligt anvendelsesgrundlag, når de bliver værdiladet, og derfor er det hensigten at undgå denne mulighed.

Når jeg meget gerne vil undlade brugen af ordene skyldes det, at min definition ligger fjernt fra den almindelige opfattelse. Mit gudsbegreb ligger udenfor vores univers og bliver dermed afgørende anderledes.

SJÆL.

Ordet er ældgammelt og prøver at binde det enkelte individs samlede menneskelige kvaliteter såsom personlighed, medmenneskelighed, etik, moral, viden, ind i en buket, der holdes i hånden af en større magt, universet eller *gud*.

FB: *Begrebet sjæl er en betegnelse for noget, det ikke er lykkedes at konkretisere, måske fordi menneskeheden ikke har ønsket det. Begrebet er af religiøst ophav. Efter min vurdering eksisterer begrebet sjæl ikke i eller omkring det enkelte menneske.*

Dette begreb er snarere den følelse der opstår, når jordiske individer er i interaktion med hinanden. Begrebet kan således også være imellem mennesket på den ene side og naturen eller dyrene på den anden side.

Men tilstedeværelsen opløses, når samværet er ophørt og begrebet bliver således ikke nærværende, når personen er alene. Begrebet kan snarere opfattes som en meget kærlig følelse, som næstekærlighed.

SIND.

Sind opfattes af de fleste som noget vedrørende viden, intelligens og hjerne.

Sindssygdom ses ofte defineret som: unormale sjælelige tilstande, der kan anskues gennem adfærdsforstyrrelser.

Det kan næsten opfattes materialistisk idet sygdomme er destineret derudfra.

FB: *Ordet sind er en mærkelig reminiscens fra en tid, hvor viden om hukommelse, personlighed og hjernefunktionen ikke var særlig veludviklet.*

I dag burde det ikke optræde i daglig tale og slet ikke indenfor lægevidenskaben.

Alene at definere ordet gennem begrebet sjæl, viser hvor upræcist definitionen er, eftersom sjæl heller ikke kan defineres gennem konkret bevisførelse.

Det forekommer mig som et mysterium og dårlig forskeretik, at dette ord anvendes af disse personer, samt sundhedssektoren og lægestanden. At mennesket har et sind er noget sludder.

Endnu mere barokt synes det at en videnskab kan tage udgangspunkt i det, ligesom lægestanden diagnosticerer i begrebet f.eks. sindssygdom.

Sindsbegrebet virker på mig, som et menneskeskabt forsøg på at gøre mennesket til Jordens bedstevidende.

Derved bliver det et spørgsmål <u>om</u> individets intelligens, personlighed, og med relation til hjerneområdet, især neocortex *som mennesket stort set er ene om at have i en udviklet form.*

Begrebet indeholder intet med videnskabeligt og fornuftsmæssigt belæg. Begrebet er individets adfærd udtrykt i en viljeaktiv konsekvens affødt som respons på en sansning.

PSYKE.

Er det græske ord for sind og sjæl.

FB: *Med henvisning til det ovenfor beskrevne, er dette ord ligeså uanvendeligt.*

HJERNEN.
(herunder adskillelse af krop/hjerne og krop/sind).

Det er ikke brugen af ordet hjerne jeg tænker på, men koblingen hjerne/krop, jeg ikke kan acceptere.

Ofte kan læses eller høres, at mennesker med viden om hjernen omtaler denne som, at den er forbunden med resten af kroppen, hvilket indikerer at den er noget for sig selv.

Hjernen er et fantastisk organ, men så er alt også sagt. Da 1997 blev udråbt som hjerneår, blev det også samtidig påpeget, at jo mere mennesket lærte om dette organs virke, jo mindre vidste mennesket om det.

Det er selvfølgelig ikke rigtigt, men det er korrekt, at procentuelt bliver menneskets viden om hjernen mindre, fordi senest indhøstet viden rejser mange ubesvarede spørgsmål på hjernelokalt plan.

Overordnet viden om den menneskelige hjerne er på plads.

> **FB:** *Menneskeheden skal give slip på opfattelsen af, at hjernen er noget særligt i kropslig henseende. Den er ikke den øvrige krop overordnet. Er ikke mere intelligent end andre kropsorganer eller dele.*
>
> *Desværre hersker der den fejlagtige opfattelse, at den menneskelige hjerne, er en præmiering. Hvem kan forklare for hvad? For mange er det en kærkommen forskel på mennesket og dyret.*

De der mener, at hjernen gør forskellen, holder stædigt fast i det ældgamle dogme om kroppen som uren og plump og på lige linie med dyrets krop, hvorfor hjernen er en klar differentiering fra dyret.

Men hvorfor denne sammenligning?

Er et æble mere værd end en pære eller omvendt?

Hjernen er intet andet end et af de vigtigste organer i kroppen. Med den udtalelse er det også klart, at al snak om at hjernen er kroppen overordnet, er noget sludder.

Det er da korrekt, at den styrer mange under hovedet værende funktioner, men den tilhører kroppens samlede fylde på samme måde som f.eks. hjertet.

Det er også korrekt, at den sidst ankomne hjernedel, neocortex, kaldet den intelligente hjernedel, langt overgår dyrenes.

Men det er bevist, at den mellemste hjernedel, det limbiske system, *der indeholder følelser og følelsesfunktioner, også er intelligente.*

Til forskel fra de andre kropslige organer, er hjernen (neocortex) imidlertid slet ikke færdigudviklet. Det skyldes, at denne del af det samlede hjernekompleks, faktisk er i en mutationstilstand. Her mener jeg frontallapområdet.

Indledning - 29

UNDERBEVIDSTHED.

Dette begreb er af klassisk art og ofte i psykologisk sammenhæng. En kropslig tilstand hvor individet ikke er nærværende og styrende, men hvor kroppen alligevel reagerer, f.eks. ud fra indlært viden.

FB: *Når jeg afskaffer noget så centralt i psykologien, og nogle kendte og respekterede personers forskningsresultater, er det ikke for at være bedrevidende.*

Dertil rækker mit format ikke, men jeg opfatter mit forhold til kvanteteorien, som den rigtige vej for fremtiden, og jeg mener, at Freud og Jung simpelthen er blevet overhalet.

Definitionen på bevidsthed og dermed underbevidsthed går i en helt anden retning hos mig, hvilket jeg kommer ind på senere.

Underbevidsthed forekommer mig at være en grum sammenblanding af videnstyring, tanker, hukommelse og indlært adfærd og virker irrelevant med den viden, der findes om mennesket i dag.

3.5 HOLDNING TIL MEDIERNES VIDENINFORMATION.

Medier, af forskellig art, gør et stort stykke arbejde for at informere og viderebringe resultater indenfor forskning og landvindinger på sygdomsområdet. Det kan befolkningen være meget tilfredse med.

I "det herrens år 2006" lever mennesket i den vestlige verden i et meget udbredt vidensamfund, videnudbredelse går ufatteligt hurtigt.

Desværre er det sket og bevist mange gange, at der snydes med videninformation og forskning. I forbindelse med informationer gennem medierne, skal gengivelsen kun omtales som stadfæstet viden, hvis der er belæg for udtalelsen.

Der findes et utal af forskergrupperinger centreret omkring universiteter, forskerfonde, stipendiater, private organisationer osv. Disse grupperinger er i skarp indbyrdes konkurrence om knappe midler fra staten eller andre doneringsmuligheder.

Og derfor slippes resultaterne fri i et stort antal, uden repræsentativt belæg for forskningens grundsubstans og blot for økonomisk vindings skyld.

I dag publiceres alt fra pressebureauer som eksakte resultater. Det er ikke korrekt. Fordi en forskergruppe, oftest for egen vindings skyld, lader information tilflyde disse bureauer, er det jo ikke ensbetydende med, at det er kvalificeret forskning.

Mediernes opgave er at være informativ og evt. debatskabende, men også at være kritisk og i hvert fald ikke sensationspræget.

Ved at publicere udokumenteret materiale, er medierne med til at sprede myter og måske skabe en uaktuel angst hos befolkningen.

"LIVET

er ikke fyldt med klogskab

men

klogskab kan opnås i

LIVET".

4.

HVORFOR MODSTAND MOD FORANDRINGER?

Alternative behandlere har gennem mange år forsøgt, at blive accepteret af det etablerede sundhedssystem som fuldgyldige behandlere af relevante sygdomme.

Der er stigende accept og forståelse blandt menigmand i klientpotentialet. Antal besøg hos alternative behandlere kendes selvsagt ikke, men fra undersøgelser i udlandet er det en kendsgerning, at der faktisk er flere besøg hos de alternative behandlere, end hos den etablerede lægestand.

I Danmark er det endnu ikke lykkedes at overbevise det etablerede sundhedssystem om, at adskillige alternative kropsgenopretningsprocedurer og deres udøvere, både uddannelses- og resultatmæssigt, sagtens kan supplere det etablerede sundhedssystem i fuldt omfang.

Det vil blive af stor betydning for befolkningssundheden, hvis hovedparten af behandlerne, i fremtiden vil kunne indgå som supplement til det etablerede sundhedssystem.

Hvad kan årsagen være til den aktuelle manglende accept?

En af de væsentligste årsager er den traditionelle, danske fastholden af de privilegier, som den danske folkekirke og lægevidenskaben fortsat tildeles af samfundet.

En anden årsag er, at de to nævnte grupperinger ikke har gjort sig parat til at indgå i den skærpede konkurrence om klienterne. Den vil opstå i kølvandet af et mere liberalt syn på udbuddet af godkendte behandlingstilbud.

Efterfølgende peger blot på lidt af den traditionelle, historiske baggrund for den vanskelige kommunikation. Den kendes fra Danmark, men er ikke repræsentativ for de øvrige lande vi normalt sammenligner os med.

Nedennævnte 2 grupperinger, kirken og lægevidenskaben er de væsentligste modspillere for den manglende accept af det alternative behandlingsmiljø. Gennem disses modstand er det lykkedes at opretholde den politiske modvilje.

Historisk set starter modstanden markant i senmiddelalderen, hvor lægegerningen blev organiseret med medicinerne øverst som de vigtigste i hierarkiet, og hvor kirurgien lå noget lavere.

De alternative behandlere blev skubbet ud. Staten blev involveret i folkesundheden af arbejdsmæssige og militæriske grunde, medens kirken havde godt fat i hospitalsvæsenet.

Fra begyndelsen af det 1900 årh. beslutter Europa, at al medicin og medicinsk behandling udover det i Vesten kendte, var ubrugeligt.

Det blev et stort tilbageslag for folkesundheden, og gennem en nærmest bandlysning af det alternative miljø, der blev omgærdet med fordomme, mistænkeliggørelse og begrebet overtro, var det svære kår.

Den romersk katolske kirke gjorde lidt plads til folkemedicinen, medens protestanterne afviste den. Der sættes skarpe grænser, hvorved naturen glider ud på en sidelinje til fordel for menneskets tilsyneladende overlegenhed, skabt gennem menneskets hjernepræference.

4.1 kirkens holdning til den spirituelle udfoldelse, og den universelle intelligens.

Kristendommen indførtes i Europa omkring 300 e.k.

Den medicinske indsats blev tæt forbunden med denne religion, hvilket kan ses af sammenfald af ord, idet ordene "hellighed" og at "helbrede" er beslægtede og betyder: "at være hel".

I samme grundform adskiltes begrebet sjæl og legeme, og det blev understreget, at troen var lægegerningen overordnet.

Menneskekroppen opfattedes som en mellemting mellem en engel og et dyr, med den tilføjelse, at mennesket ikke kunne være et dyr, fordi det havde en sjæl. Når legemet blev angrebet af sygdom, var det en straf fra *Gud*.

Healing eller helbredelse har en meget lang tradition bag sig, og kan føres adskillige årtusinder tilbage. I alle religioner og samfund har der fra tidernes morgen været et kraftigt islæt af helbredelse udøvet af menigmand, der besad særlige kvalifikationer. Disse særlige personer nød stor agtelse i det samfund de tilhørte, og opnåede også visse præferencer.

I middelalderen startede den store konfrontation mellem kirken og de personer der mestrede kunsten at helbrede. Konfrontationen opstod af flere grunde.

En vigtig årsag var disse behandleres manglende rodfæste i det kirkelige miljø. Ofte anvendte disse som forklaring på deres succes, at have en referenceramme, der gik tilbage til samme sted som kirken, *gud.*

Dermed følte kirkens repræsentanter, at deres stilling var truet. Derfor skelnedes der mellem det spirituelle miljø, der repræsenterede den brede formulering af begrebet religion, og de konkrete religionsretninger.

Da mange af helbrederne tillige var kvinder, forværredes situationen yderligere. Det medførte som bekendt den kendte heksejagt og afbrænding på bålet eller kasten i vandet. Mange gæve kvinder måtte lade livet på denne baggrund.

En anden årsag til at kirken ikke bakkede op om en alternativ sygdomsbekæmpelse var at kirken opfattede kroppen som "snavset", og støttede synspunktet om, at hjernen skulle tillægges større betydning.

Efter kirkens opfattelse var datidens sygdomme et individuelt symptom, der havde noget med individets adfærd at gøre, og således selvskabt. Det medførte et fornuftsægteskab og borgfred mellem på den ene side kirken, og på den anden side den stigende filosofiske tænkning og den spirende videnskab, herunder lægevidenskaben.

I moderne tid er det Vatikankonferencen i 1981 der fastlåser rollefordelingen kirke og videnskab imellem, samtidig med at metafysikken bliver sat ud på køkkentrappen.

Kirken får patent på at forvalte den uforklarlighed som kvantefysikken afdækker. Uforklarligheden gøres til det guddommelige felt, Guds område, og fredes af videnskaben.

Det blev faktisk en lettelse for videnskaben, idet ansvaret for dette område herefter ikke længere er dennes. Spørgsmålet er, om kirken kan forvalte dette ansvar?

4.2 VIDENSKABENS holdning til den universelle intelligens og universelle bevidsthed.

De første spæde forsøg på at forstå den underliggende fornemmelse af menneskenes bevæggrunde, tanker og adfærd, udgjordes i Europa af filosofferne. Europærerne fik grundlæggende ikke fat i Fjernøstens traditioner og indhold på det religiøse område.

Efter mange århundreders shamanisme, overtro og myter, valgte de Europæiske lande i frustration, at sætte deres lid til videnskaben, da de fik færten af, at mange natur- og menneskerelaterede udfoldelser, oplevelser og adfærd kunne indhylles i matematik og sættes på formler.

Videnskaben valgte herefter at gå arm i arm med kirken. Kirken blev overladt alt det mystiske, der ikke kunne rummes af fysikkens regler og formler.

Der forsøgtes med stort held, men også med magt og manipulerende indsats, at lægge afstand til det uforståelige under dække af, at det ikke støttedes af rationel og konkret viden, samt at det stred mod de religiøse kendsgerninger.

Derfor blev videnskabens indsigt og forståelse overfor begrebet **universel intelligens** og **bevidsthed** meget begrænset, og optrådte blot som parenteser.

Megen af den popularitet videnskaben havde vundet skyldtes Newtons indsats, gennem nysgerrighed og forskning. Hans satsning på videnskaben i stedet for Fjernøstens mere religiøse holdninger, bar frugt. Det føltes godt for menneskeheden og samfundene i Vesten, at kunne dokumentere at de var oplyste.

Ny viden dukkede op, men konceptet var og er det gammelkendte. Dukker der viden op, der synes uforklarligt, nedtones betydningen, eller det undgås at fokusere derpå. Derved undgår videnskaben at afsløre mangler. Da menigmand ikke har den fornødne indsigt, opretholdtes distancen.

Fra videnskabens side, var der en tålelig accept af begreberne *metafysik* og filosofiske retninger som begrebet **åndsvidenskab**.

Denne holden hinanden i skak situation, har gavnet videnskaben frem til første milepæl omkring 1920, men også båret videre frem til slutningen af det 20. Årh. Når 1920'erne er en milepæl skyldes det fremkomsten af **kvantefysikken**. Her lykkedes det imidlertid videnskaben at undgå en troværdighedskrise.

Det lykkedes optimalt i på den ene side at informere om videnskabens fantastiske afdækning af kvanteteorien, og høste stor ros for indsatsen, og på den anden side, at slippe godt fra, at undlade at oplyse konsekvensen af hvad kvantefysikken også afslørede, nemlig at universets individer må besidde en kropslig *universel bevidsthed*.

Som nævnt under kirkeafsnittet er ansvaret taget fra videnskabens skuldre. Selvfølgelig vil der være forskere der ikke efterlever Pavens henstilling om ikke at fjerne det gudelige nærvær i vores univers, men spørgsmålet er så i øvrigt, om denne forskning fører til noget nyt resultat, eller at ny viden fejes ind under gulvtæppet?

4.3 "OG SÅ ER DER LIGE".

Ja det er der nemlig. Mange mennesker har gennem århundreder budt ind på menneskets eksistensberettigelse, og jordisk overherredømme. Som f.eks. åndsvidenskaben, bl.a. repræsenteret ved Martinus.I dens litteratur har jeg i særlig grad hæftet mig ved dens omtale af, hvor glædeligt det er, at mennesket endeligt er blevet frigjort fra dyreriget.

Dette øjensynlige menneskelige behov for, at skulle understrege en distancering fra naturen, altså fra dyreriget, synes vigtig for den gruppering. Hvis det er formålet, har jeg oprigtig ondt af denne konstatering, idet det medfører at menneskets stærke bånd til naturen og dyreriget forsøges at bringes i miskredit.

4.4. KONKLUSION.
Kan modstanden mildnes og udvikles til samarbejde?

Hvad skal der til, for at forståelig og godkendt helbredelse kan finde sted, i fred og fordragelighed med kirke og videnskaben på den ene side, og det alternative miljø på den anden side?

1. Det alternative miljø må give efter på områder, der befinder sig "udenfor rækkevidde". Det tilkommer ikke forfatteren, at byde ind på emner, men de fleste har sikkert en opfattelse af, hvad det kunne være.

2. Kirken har hidindtil peget på sig selv som den eneste institution, der har kontakt til den **universelle bevidsthed** og dermed det **guddommelige**.

   Denne monopolistiske stilling skal opblødes.

Kirken kan, gennem iagttagelse af de sidste årtiers religionsudvikling, blive nødt til at acceptere, at den ikke har et budskab til alle mennesker i denne verden.

Kirken må forstå, at den ikke er den eneste organisation, der har et link tilbage til *gud*. Den har en rolle som forkynder og hjælper, men ikke at være fordømmende og ophøjet.

De fleste danske samfundsborgere, har en klar fornemmelse af, at "der findes mere mellem himmel og jord". Noget der ikke kan forklares, ej heller gennem religiøs fortolkning.

Men problemet er imidlertid, at de personer der er optaget af, at genoprette den kropslige balance i menneskekroppen udfra et **naturligt** grundlag, stadig forfølges af middelalderlige fordomme, holdninger og regelsæt. Derved afskæres befolkningen for et alternativt islæt i deres overvejelser.

3. Hvad lægevidenskaben og læger i øvrigt angår, ville det være befriende, hvis de blev bedre til at være nysgerrige på, hvad det er, det alternative miljø mestrer.

Der har i de senere år været tegn på barrierer, der er faldet. Men det går langsomt. Det værste er, at frafald fra egne rækker til det alternative miljø, straffes meget hårdt, hvorfor ingen rigtig tør stå frem.

I mange af de lande vi sammenligner os med, er samarbejdet kraftigt udbygget. Både på hospitalsniveau, men også i private praksiser.

Mange misforståelser ville kunne undgås, hvis videnskaben i højere grad forskede til gavn for folkesundheden, og ikke kun i niche- og medicinalområdet.

Samtidig har videnskaben i de senere år fået et andet "set up". Den forskning der foretages i dag er meget lidt grundforskning, men snarere nicheforskning på områder, der har profitformål.

I alt for mange år har mennesket distanceret sig fra naturen, bundet op på en frygt forårsaget af kirkens og lægekundskabens kjortel- og kittelomsvøbte dominans.

En frygt, fordi disse to instanser ikke har været ærlige og indrømmet deres mangler, og givet plads til andres viden og holdninger.

I stedet har de fortsat deres heksejagt og rysten på hovedet for at bevare magten, hvilket har skabt den tilsigtede usikkerhed.

I praksis kan man sige, at kirken har taget over, når videnskaben ikke har kunnet bunde længere, hvorfor de fortsat går arm i arm.

4. Universets Skaber, vil nok undres over menneskets forsøg på ophøjethed. Både dyr og mennesker har den samme reference ramme bagud mod en fælles skaber, tilhørende det samme univers, ja sågar denne samme planet, og har begge den fælles *universelle bevidsthed*.

En distancering fra dyrene i en tidsepoke med krige og perversiteter overalt i hele verden, virker barokt. Menneskeheden synes at være ligeså primitiv som dyreverdenen, blot på en lidt mere raffineret måde.

"Følelser er ikke

LIVET

men

LIVET

kan leves med følelser".

5.

KVANTEFYSIKKEN
som bindemiddel mellem alternative behandlingsformer, og det etablerede sundhedssystem.

Jeg har forklaret, hvad meningen er med, at jeg skriver denne bog. (3.1)

Jeg har peget på nødvendigheden af en brobygning mellem det alternative behandlingsmiljø og det etablerede sundhedssystem. Endvidere at sidstnævnte system bør udvise større forståelse, respekt og accept for andre behandlingssystemers systemer. En større forståelse for nødvendigt samarbejde vil i øvrigt kunne iagttages hos lande, vi i Danmark normalt sammenligner os med.

Det alternative behandlingsmiljø har ry for at basere sig på en anden livsopfattelse, indsatsholdning og viden, end det etablerede system. Forskellen er sikkert ikke særlig stor, når det kommer til stykket

Selv om der umiddelbart synes forskel på faglighed og uddannelse hos alternativt uddannede behandlere, udelukker det ikke muligheden af at disse behandlere, kan præstere et kvalificeret og brugbart behandlingsresultat, der kan give et skrantende helbred et come back til det bedre, uden at metoderne er diskvalificerende for behandleren.

De forskellige systemer, kan sagtens arbejde som komplementære muligheder.

For begge systemers vedkommende gælder, at klienten tilbydes bedring. Det må være ensbetydende med, at klienten tilbydes et så righoldigt sundheds- og helbredstilbud som muligt.

Derfor skal der skabes yderligere plads til åbenhed og lytten, samt parathed til afprøvning af muligheder.

Jeg anser kvantefysikken for at være det fælles forklaringsgrundlag, på hvilket der kan skabes forståelse for den alternative behandlingsforms anvendelighed, og dermed muliggøre, at de to behandlingsmiljøer, vil kunne mødes og samarbejde.

5.1 Kan KVANTEFYSIKKEN fungere som bindemiddel?

Fordi kvantefysikkens præmisser er veldokumenterede gennem det fysisk, matematiske formelgrundlag, og fordi grundlaget reflekterer til stoflige som ikke stoflige forhold, hvilket indebærer, at det også omhandler menneskets kropsopbygning, molekylære processer og reaktioner.

Kvantefysikken indeholder en konklusionsreference, der indeholder en *"rest"* af uforklarlighed.

Denne uforklarlighed medfører ifølge videnskaben imidlertid ikke, at der opstår et væsentligt forklaringsproblem. Uforklarlighed er indskrevet i formelgrundlaget.

Påpegen af denne øjensynlige restværdi, efterlader den mulighed, at videnskaben overdrager adgangen til videnudvidelse, til en anden instans. Tidligere var det overladt metafysikken, der imidlertid har opløst sig selv, hvorfor det er naturligt, at andre påtager sig rollen.

Her træder målrettede og engagerede behandlere fra den alternative verden ind på scenen, og udviser det nødvendige mod. I praksis repræsenterer de det, menigmand forstår ved udtalelser om, at der er "mere mellem himmel og jord".

> Derfor, er det blevet de **alternative behandleres** mission, at udføre denne indsats og bruge deres kvalificerede viden, til gavn for mennesker i deres til tider vanskelige kropslige forhold.

5.2 DERFOR BRUGBAR.

Efterfølgende udtrykkes af forfatteren, og i relation til kvantefysikken. Jeg påstår, at kvantefysikken indeholder de ingredienser, der må rumme forklaring på, hvorfor kropsgenopretning lader sig forklare gennem henvisning til kvantefysikken.

Dermed er der belæg for, at systemet bør godkendes som brugbart alternativ til de etablerede behandlingstilbud.

Selvfølgelig kan meget af det senere omtalte danne baggrund og blive genstand for diskussioner.

Jeg har imidlertid gjort mig megen umage for at anvende publiceret viden, og forventer at den er brugt korrekt. Skulle det vise sig, at der er fejl, skal jeg beklage dette, men jeg mener ikke, at der fundamentalt kan rokkes ved den kendsgerning, at kvantefysikken kan bruges som forståelsesgrundlag for, hvorfor **kropsgenopretning** kan foregå med den succes, som den vitterlig repræsenterer.

Der er ikke mere hokus pokus i **kropsgenopretning**, end i kvantefysikken. Som tidligere omtalt er forudsætningen for at kunne tage kvanteteorien som forklaringsgrundlag for anvendelse af **kropsgenopretning**, at kvanteteorien passer som "fod i hose".

Ved at fremlægge kvanteteoriens præmisser i sammenhæng med metode for **kropsgenopretning** (afsnit 10), anskueliggøres sidstnævnte metode, som et brugbart og effektfuldt værktøj for at udbedre ubalancer, sygdom i kroppen, på linie med andre godkendte og accepterede helbredelsesværktøjer.

Når jeg vover at udmelde forskellige påstande skyldes det, at mine forudsætninger langt hen af vejen er tilstrækkelige.

Samtidig er det jo karakteristisk for al meningsudveksling mellem mennesker eller udmeldte forskningsresultater, at der ofte er divergerende opfattelser. Så hvorfor skulle **kropsgenopretning** ikke også kunne godskrives denne mulighed.

Det, der er afgørende for min deltagen i buddet på viden, er at det felt jeg arbejder i, er diffust konkluderet af lægevidenskaben. Af denne årsag kan min indsats godt være professionelt brugbart, da kvanteteorien danner en kvalificeret baggrund.

Opmærksomheden henledes særlig på følgende forhold:

Enhver cellekerne indeholder, selv efter en ultimativ minimering, en rest stof, der ingensinde vil kunne opdeles yderligere. Denne del synes at repræsentere en intelligens der rummer 2 egenskaber.

Den ene er en referencelinie bagud til en enhed på den anden side af vores univers yderste grænse, altså på den modsatte side af det øjeblik der repræsenterer **"The Big Bang"**.

Den anden side er den kendsgerning, at alle mennesker uanset trosretning eller som erklæret ateist, giver udtryk for at have grundlæggende, uspecificeret "tro" eller gudsforhold i sig.

Disse 2 kendsgerninger udgør enhver celles egentlige styringsmodul, og er altså moderen til **DNA'et**.

Først ved **DNA'et** indtræden på arenaen, med repræsentation af aminosyrer, begynder de egentlige fysiske og molekylære love at kunne agere.

Derfor er hovedparten af vellykket kropslig helbredelse betinget af, at der opnås kontakt til denne styringsenhed, med den indbyggede overordnede intelligens, der har naturlig reference til kroppens øvrige cellestruktur.

Derfor kan og skal kropsgenopretning foregå på naturens præmisser.

"Naturen er ikke

LIVET

men

LIVET

leves gennem naturen".

6.

KVANTEFYSIKKEN.

6.1 LIDT HISTORIE.

Kvantefysikken, og den bagved liggende teori med tilhørende ligninger, er en gammel kending med hundrede år på bagen. Einstein kendte til den, men blev aldrig fortrolig med den.

Ved århundredeskiftet (1900) var det stadig god latin, at partikelverdenen var små objekter, såsom **atomer** og **molekyler**, og at de dannede mangeartede håndterbare stoffer.

Tvillingebroder til stofferne var lyset i form af elektroniske **bølger**. Sidstnævnte viste sig imidlertid med næsten samme datering, til stor overraskelse at de også at kunne optræde som **partikler** i lysets mindste enhed, en **foton**.

Omkring 1920 var kvantefysikken en stadfæstet kendsgerning, og med den kendsgerning fik videnskaben et troværdighedsproblem.

På den ene side ville videnskaben så gerne informere om videnskabens epokegørende fremskridt, men på den anden side indeholdt kvantefysikken et element af nærmest mystisk art.

Denne del ville videnskaben helst undgå at kommentere på, og derfor blev denne del nedtonet eller "fejet ind under gulvtæppet" i videnskabelige sammenhæng.

I lyset af denne kendsgerning dukkede **metafysikken** op, lidt i stil med den rolle kirken havde i parløbet i middelalderen med den spirende videnskab.

Metafysikken blev en delvis accepteret videnskabsgren, når det nu ikke kunne være anderledes, og i særdeleshed fordi denne gren således opsamlede det videnskaben ikke kunne forklare sig ud af.

Allerede i midten af 1800-tallet havde en fysiker fremlagt en forklaring på, hvordan et magnetisk felt kunne dannes udfra et elektrisk felt, uden at der løb en strøm, der var i stand til at ændre sig.

Markwell konkluderede, at lys var en elektromagnetisk bølge, og havde evnen til at lade sig interferere hvis f.eks. 2 bølger kom i berøring med hinanden.

På den samme tidsmæssige linie arbejdedes med de spæde forsøg på at få indblik i **atomet** og dets grundsubstans, anført af bl.a. Niels Bohr.

Omkring 1930 stod det klart, at alle **"bølger"** kunne behandles som **"partikler"** og visa versa. Denne **dualisme** er et fundamentalt karakteristika for kvantefysikken. og var og er stadig, en uforståelig kendsgerning.

Bohr og Heisenberg hævder, at der i den grundlæggende virkelighed er indbygget "ubestemmeligheden", altså at megen viden er uklar og ufastlagt. Situationen er gennemarbejdet (fotonkast mod skærm med 2 huller) i masser af situationer, og fremstår som uforklarlig set med en fysikers videnskabelige viden, men strider ikke imod afprøvede ligninger.

Når en elektron detekterer, opfører den sig som en partikel. Hvis den undlades at detekteres, opfører den sig som en bølge. (elektronen har tilknyttet en anden slags bølge, bølgefunktion).

Et andet begreb fra perioden omkring 30erne var Heisenbergs **ubestemthedsrelation**. Partikler ved ikke helt præcist hvor de er, og hvor de bevæger sig hen.

Ved at tilføje Gamow's **alfapartikel** teori, der beskriver disse partiklers trængen ud af atomets kerne, og samtidig destinerer artiklens tilstedeværelse som ubestemmelig tilføjes yderligere et særkende til kvantefysikken og dens mysterier.

Kvanteprocessen og dens bagvedliggende teori tillader det at ske, som en kendsgerning, og indrømmer denne ultrakorte eksistens, idet processen annihileres som **virtuelle partikler**, men forsvinder igen. Elektronerne er således også omgivet af en sky af virtuelle fotoner.

I de efterfølgende år fra 30erne og op til vore dage, har der været savnet en fyldestgørende forklaring på den totale og elementære kvantefysik. Den side af sagen har fået lov til at sove sin Tornerosesøvn, og vil sikkert gøre det i mange år fremover.

Det er som om, den erhvervede viden skulle fryses ned til bedre tider, altså til en tid, hvor den kan tøs op igen, forstås og bruges.

Det var imidlertid ikke alle forskere, der lukkede og slukkede. Det viste sig, at der var draget forhastede konklusioner, og at der er "mere mellem himmel og jord", og endda noget, der ikke kan sættes på matematiske formler.

Det blev klart, at der fandtes et niveau under de så skråsikre udtalelser om, at f.eks. **elektronen** var sidste bastion mod intetheden, det grundstofløse rum. Det niveau er det, der i dag kaldes det **subatomare niveau**.

6.2 KVANTEFYSIKKENS molekylære baggrund.

Kvantefysikken/mekanikken er en af de største videnskabelige teorier der er udtænkt. Samtidig er dens matematiske baggrund bevist i tilstrækkeligt omfang.

Den indgår som en væsentlig dataformidler og beregningskilde for dokumentation af vores univers opståen. Det vil vare længe førend en tilsvarende og skelsættende fysisk teori, vil manifestere sig.

Efter dette fysisk/matematiske værktøjs opståen, virker det som om videnskaben ikke længere går efter udviklingen af en større samlende teori, men snarere efter en mindre tematisk viden.

Måske skyldes det at samfundets efterspørgsel af viden går mere i retning af fysisk/matematisk viden på specifikke områder, der kan befordre hurtig udvikling af samfundsudviklingen, bedre livskvalitet og måske i særdeleshed bedre økonomi.

Hvad angår kvantefysikkens manglende follow-up, opgradering, kan det skyldes, at teorien fra et videnskabeligt synspunkt synes færdigudviklet, og at en videre forskning i dens uforklarlighed, ikke vil føre til forhold der bedrer føromtalte samfundsmæssige relationer, og måske endda blive mere virkelighedsfjern set med forskernes øjne.

> Niels Bohr og Heisenberg udtrykte det på den måde:
> *"Den grundlæggende virkelighedsessens er ubestemmelig, altså uklar".*

Med uklar, mente han ikke forkert, men dualiteten i situationen, skabte et uklart fundament.

Det, at et moment artede sig forskelligt, afhængig af, om man iagttog det eller undlod det, skabte en undren og usikkerhed, som forskerne stadig ikke har overvundet.

De ved godt, hvad det er, der skaber momentets ubestemmelighed, men det henhører ikke under en matematisk forskers gebet.

I bund og grund drejer det sig om, at der helt nede i den subatomare, molekylære miljø eksisterer en stoflig, ikke stoflig *"rest"*, som det egentlig er svært at kalde andet end en "intelligens", et styresystem.

Forskerne har svært ved at acceptere at denne *"rest"* i virkeligheden også er en rest.

Derfor har der været jagtet på den siden kvantefysikkens barndom i 1920erne. Udsigten til at det bliver muligt gennem yderligere accelerering af atomet, synes meget lille.

Så dens eksistens må anses som en kendsgerning i dag. Da videnskaben har afskaffet **metafysikken** i 80erne, er der heller ikke længere håb om, at andre kan tage problemstillingen op.

6.3 SÆRLIGE KVANTEKARAKTERISTIKA.

➢ Kvantefysikken omhandler det lavest kendte niveau (kaldet det **subatomare**) af det atomare system.

➢ I kvantefysikken optræder den samme aktuelle "information" i et givet øjeblik, både som **bølge og partikel**.

➢ På kvanteniveau er elektronen både bølger og partikler på samme tid, og det er påvist, at bølgeaspektet kan interferere.

➢ Processer i kantefysikken foregår i intethedens lufttomme rum.

➢ Teorien efterlader den kendsgerning, at der eksisterer "noget", der rangerer over **DNA'et** og besidder til sammenligning, **DNA'ets** formidable evne til at styre og skabe, altså en **intelligens**.

➢ En **elektron** kan ikke stedbestemmes, hvis den ikke iagttages. Den optræder i et **ubestemthedsvacuum.**

➢ Teorien påviser de særlige **alfapartiklers** evne til at slippe ud af atomkernen, og peger dermed på ubestemtheden, som en særlig tilstand og effektmulighed.

➢ Kvantefysikken udtaler at til hver elektron, knytter der sig en anden slags bølge, som kaldes elektronens **bølgefunktion**, og den spreder sig ud.

➢ Teorien tillader særlige pardannelser (elektron-position par) ud af tomhed. Tilstanden er meget begrænset, idet eksistensen ophører. Disse par kaldes **virtuelle partikler**.

➢ Elektroner eller fotoner ved øjensynlig, at der sker ændringer i omgivelserne, og kan forholde sig dertil, enten ved neutralitet eller handling, altså viden om mere end egentilstanden hos sig selv.

➢ Der kan påvises **sammenhæng** mellem kvanteproces og tankeproces.

➢ Kvantefysikken påpeger, at der ikke eksisterer **lokale fænomener**. Alle processer på subatomare niveauer fører sig grundlæggende frem, som tilhører de det fælles univers.

6.4 SÆRLIGE KVANTEORIENTEREDE PERSONERS KOMMENTARER.

Menneskeheden skylder filosoffer og videnskabsfolk megen respekt for deres investerede tid og kræfter i at afæske universet og naturen deres hemmeligheder. Det er blandt andet disse personers fortjeneste at samfundet er tilføjet stigende velfærd og livskvalitet.

Selvfølgelig er det ikke en uselvisk indsats. De dygtige af dem har fået både berømmelse og måske bedret økonomi ud af deres nysgerrighed.

Nogle opdagelser og tilsyneladende landvindinger er dog efterfølgende oplevet som mindre betydningsfulde, set i "bakspejlets kloge lys".

Efterfølgende eksempler er imidlertid værd at lægge mærke til:

➢ Platon forskede og udformede i sin tid, på baggrund af materiale fra Demokrits, et udsagn om, **at atomet var den mindste partikel der fandtes i tid og rum**. Han forklarede at atomet lod sig dele, men at det efterfølgende stof ikke optog rum, hvorved det også **gjorde sig usynligt**.

➢ Senmiddelalderens kloge hoved, Newton, skabte information om væsentlige ting, ligesom Einstein, men i dag tillægges disse opdagelser ikke den store betydning, da der bruges andre pejlemærker.

➢ Einsteins **relativitetsteori** var et flot stykke videnskabsarbejde, medens andre af hans produkter omhandler forhold, der lå fjernt fra hverdagen og menigmand.

➢ Niels Bohr var stærkt involveret i kvanteteorien, og den særlige "Københavnerudlægning". Han var dog noget skeptisk overfor indholdet, fordi han i praksis havde svært ved at takle teoriens indhold, når det drejede sig om forhold der inddrog virkeligheden.

➢ Virkelighedsproblematikken omhandlede begreber som **uforklarlighed** og **dualitet**, og hvilede på noget uklart og ikke håndterbart. Mange sandsynlige tilstande fra hverdagens tænkelige aspekter, kunne tænkes tvetydigt. Det medførte at han selv kom til at tænke: **"Hvordan kan noget overhovedet eksistere"?**

> En kendt fysiker, der har beskæftiget sig meget med og tillige anbefalede kvantefysikken, er hørt udtale:
> *"Menneskets egne bevidstheder giver os muligvis nøglen til forståelse af den grundlæggende virkeligheds natur"!*

➢ Fritz Popes arbejde med **DNA'et** bekræfter det tætte samarbejde, der er mellem alle kroppens celletyper.

➢ Danah Zohar foreslår at bevidstheden kan ses som et indskud mellem kvanteverdenen og vores almindelige hverdagsverden, og udtaler også, at fysikernes problem vedrørende bevidstheden, kan tolkes som deres oplevelse af, **at der eksisterer en bevidsthedsform, der overgår den menneskelige bevidsthed.**

➢ Forskeren Damasios teorier omkring **frontallapperne** er også spændende viden. Blandt andet omtaler noget af denne viden, at hvis kroppen f.eks. føler en emotionel tilstand, **er den ved tænkning i stand til at reagere.**

Hans arbejde med frontallapperne i området **orbitale cortex** og dette områdes særlige samarbejde med **amygdala**, førte til erkendelse og udvikling af begrebet **somatiske markører.**

Denne teori passer fint med kvantefysikkens kobling til kropsgenopretning, samt disse markørers indvirkning på øget **dopamin** tilførsel til omhandlende område i forhjernen. Dopamin er **neurotransmittere**. De **somatiske markører** peger også på *viljens kraft*

➤ I tilknytning til Damasios skal også nævnes Shallice og Burgess fremadrettede bearbejdning af samme teoriområde (markører). Det drejede sig særligt om begrebet **intention**. Hvis markøren skal kunne aktiveres, **skal den fremtidige handling ikke bære præg af rutine eller vaneadfærd**. Herefter kan markøren hæmme en uønsket handling og forstærke det budskab og målsætning markøren bærer.

Det medfører at den tilsigtede proces skal have følgende delstyrings processer:

Bestemmelse af mål.

Bestemmelse af plan.

Dannelse af markør.

Udløsning af markør.

➤ Forskeren William James har udtalt om begrebet: "at ville en handling, ville være **at personen er bevidst opmærksom på tilvalget af handlingen**".

➤ Atkinson & Shiffrins teori om hukommelsen er bemærkelsesværdig. Ikke så meget den logiske opdeling i tre områder, men hans oplysning om **at der ikke kan henvises til et konkret område i kroppen, hvor mellem- og langtidsopbevaringen har sæde**.

Denne information kan man være enig eller uenig med forskerne i, men forinden peges på det sensoriske forstadie. Det kan godt bruges kvanteteoretisk.

➢ Karl Lashleys forsøg på, gennem forskning at stedfæste hukommelsen til et bestemt hjerneafsnit, at bevise at hukommelsen ikke havde sæde i et konkret hjerneområde. Ved gradvist at fjerne hjernen hos en rotte, indtil der intet var tilbage, konstateredes det, at rotten stadig kunne huske til trods for at hjerneafsnittet var bortopereret.

➢ Kvantefysikerne John Wheeler og Eugene Wigner, har udtrykt, at den menneskelige bevidsthed er afgørende for, at elektronernes verden kan overføres til hverdagens, og hermed kroppens realitet.

➢ Candace Pert er en fremtrædende forsker indenfor **neuropeptiderne**, og hans sammenføring af denne viden med immunsystemet, påviste at intelligensens hjemsted er mere end de hjernedominerede områder.

6.5 BESKRIVELSE AF UDVALGTE KROPSLIGE TERMER OG FUNKTIONER, DER FORSTÆRKES AF KVANTEFYSIKKENS TEORI.

Nedennævnte beskrivelser er **tilgængelige** oplysninger, hvorimod jeg i afsnit 10, vil supplere *med min egen differentierende opfattelse.*

6.5.1 Bevidsthed.

6.5.2 Nervesystemet.

6.5.3 Synapseproces og kløften.

6.5.4 Neurotransmittere og Neuropeptider.

6.5.5 DNA'et og andre intelligente molekyler og celler.

6.5.6 Immunsystemet, (immunologi).

6.5.7 Huden.

6.5.8 Frontallapområdet, den præfrontale cortex, og orbitale cortex.

6.5.9 Tankeprocessen.

6.5.10 Virtuelle partikler, overgange.

6.5.11 Trance- og flowbegrebet.

6.5.1 BEVIDSTHED

I kvantefysisk sammenhæng henvises ofte til begrebet bevidsthed. Det bemærkelsesværdige er, at bevidstheden altid er bundet op til individet. Begrebet bevidsthed omtales som en tilstand individet kan indtage og gøre brug af.

6.5.2 NERVESYSTEMET.

Nervesystemets bærende kraft er **neuroncellerne**. En anden betegnelse er internneuroner. De tilhører det neurale netværk kaldes CNS (centralnervesystemet) der omhandler individets primære hjerneområder. Endvidere deltager et begrænset antal neuroner i udbedrende handlinger. Disse foregår i et netværk kaldet **ganglier** der er underordnet det **perifere netværk**.

Neuroncellernes primære opgave er at kommunikere sanseindtryk, som information, frem til hjernen. Neuronerne eksisterer allerede kort tid efter fødslen i deres maksimum antal. Deres samlede antal anslås til mellem 5-10 milliarder. De er tilgængelige for menneskets hele livscyklus.

Neuronet har den egenskab, at det ikke kan dele sig, hvorfor den samlede mængde mindskes år for år på grund af ælde og sygdom.

Der er dog forskningsresultater fra de senere år, der tyder på, at nervecellen, neuronet kan dannes hele livet, i et særligt område, men det er ikke fastslået endeligt. Måske menes der med udtalelsen, at det er dendritfunktionen, der kan udvise denne egenskab. Det virker mere forståeligt.

Neuroncellen optræder i meget nuancerede former og størrelser. Cellestrukturen indeholder 6 cellelag i en lodret struktur. Neuronet udgør den grundlæggende basisenhed for **centralnervesystemet (CNS)**.

At arbejde med nerveimpulsen er neuronets vigtigste formål. Primært forbindes neuronets eksistensberettigelse med **synapsefunktionen**, hvor cellerne forbinder sig med hinanden gennem receptor eller effektor celler, hvorved cellens elektriske informationsimpuls via en kemisk proces kommunikeres videre mod den destination i hjernen, som informationen er tiltænkt.

Spændingsændringer i cellen opstår, når cellemembranens gennemtrængelighed og ionbevægelser er nået udløsningspunktet, og medfører aktionspotentialet eller det der kaldes fyring.

6.5.3 SYNAPSEPROCES OG KLØFTEN.

Ordet **synapse** har rod i det græske sprog og betyder: bindeled.

Hvis der et sted i kroppen udløses en elektrisk impuls skabt f.eks. på baggrund af en sansning, og hvis indhold således indeholder en information, et budskab, er der et betinget efterspil, hvilket foregår i synapsekløften.

Det pågældende budskab skal frem til sit endelige mål. Det vil typisk være i et koordineringscenter i storhjernen, hvor det skal tolkes. Det kan godt forekomme, at budskabet skal behandles i flere centre samtidig.

Førend budskabet når frem, skal det passere grænseovergange, kaldet **synapsekløfter.** Kløften bliver således et meget vigtigt kontrolsted. Kløftens 2 modpoler er henholdsvis en afsenderbred og en modtagerbred. Førstnævnte dannes af et **axon** og modtagerstedet af en **dendrit** fra et andet neuron.

Synapsen er det fysiske kontrolsted. Her skal kontrolleres om budskabet overhovedet skal igennem, og i givet fald under hvilke omstændigheder.

Hvis passagen tillades løftes spærringen der i pågældende tilfælde består af en molekylær forbindelse til hvilken budskabet kan "hoppe" op på, og dermed komme over kløften. Så snart budskabet er kommet i kontakt med modtageren på den anden side, afsluttes forbindelsen, og en kløft uden forbindelse genopstår.

Noget kan tyde på, at neuronen som elektronen, ikke nøjes med at modtage egeninformation til viderebringelse, men også en ikke lokal information, der har med kvantekorrelationseffekten at gøre, og omhandler den latente, overordnede eksterne situation.

Synapsebegrebet placeres oftest i den menneskelige anatomi som værende identisk med **thalamus** som den overordnede relæstation for alle sanseindtryk.

Det er imidlertid ikke hele sandheden. Synapseprocessen kan foregå i alle neuroner eller neuronlignende celler, og de behøver ikke kun at være placeret i hjernesammenhæng.

Den seneste forskning foretaget af f.eks. David Felten, har påvist til stor overraskelse for neuronspecialisterne, at synapsefunktionen også kan udbredes til et kommunikationsforhold mellem neuroner og immunsystemets lymfocytter og makrofager.

Nogle lærebøger omtaler synapsebegrebet som amatørernes interesseområde. Som eksempel omtales anvendelse af dopamincellens synapse for at opnå hallucinationseffekten.

Dette er imidlertid ikke en fair måde at omtale synapsetemaet på, idet funktionen også kan afstedkomme gavnlige resultater som f.eks. hvis tanken forstærkes.

Det er i øvrigt på dette område, at forståelsen blandt forskerne er meget begrænset, idet der er en stor kompleksitet.

En anden væsentlig ting vedrørende synapsefunktionen er, at et stof kan efterligne eller øge virkningen af en bestemt neurontransmitter.

En tredje mulighed er, at det frembragte stof, molekylet, har den effekt, at det handlingslammer informationen.

Derfor er det ikke uvæsentligt at det stof der skal videreføre informationen via den udløste impuls ved synapsespringet, er et stof, der har en brugbar neurontransmitter, hvis det er meningen at informationen skal videre mod hjernen.

6.5.4 NEUROTRANSMITTERE og -PEPTIDER.

Opdagelsen af **neurontransmitterne** er af nyere dato. Det er ikke mange år siden at ovennævnte molekylære forbindelser første gang blev iagttaget og gjort til genstand for forskning.

En hovedgruppe er **aminosyrerne** og **aminer**. En anden er små molekylære **signalstoffer**. En tredje er den vigtige **peptidgruppe**, der er molekylære kæder med fra få til omkring 25 aminosyrer.

Neurontransmittere som **glutamat** fremmer impulser, hvorimod **gaba** molekyler virker spærrende, men begge er eksempler på hurtige forbindelser i neocortex.

Neurotransmittere som **dopamin, nonadrenalin og serotonin** arbejder fortrinsvis i hjernestammen og i særdeleshed i cellegrupperinger.

I første omgang blev det kun iagttaget i forbindelse med neuronerne og synapsebegrebet, men i de senere år, er det ved at gå op for forskerne, at disse forbindelser også kan opstå og træffes i hele repertoiret af celler i kroppen.

> Da neuropeptidet blev opdaget, *blev meget uforklarligt, forklarligt og forståeligt.*

Peptiderne er molekyler af forskellige sammenkædede **aminosyrer**. Peptider er altså en slags livsskabende celler.

Neuropeptidets særlige evne er, at det kan dannes i et split sekund, som f.eks. når en tanke opstår. Det vil kun kunne lade sig gøre på noget nær kvanteniveau.

Neuropeptidet danner et brohoved, som kemisk forbindelsesled mellem 2 nerveceller, hvorefter den tilsigtede information kan fortsætte videre mod hjernen.

I nerveenden af et axon kan der dannes stoffer der kan omforme de elektriske impulser der skal videre til f.eks. **CNS** til et kemisk forbindelsesstof, molekyler.

Kvantefysikken - 65

Gennem en diffunderingsproces danner de den midlertidige broforbindelse mellem de 2 nerveceller. Forbindelsen nedbrydes øjeblikkelig efter at transmissionen har fundet sted.

Der er i dag særligt 4-5 områder, hvor kunstige lægemidler i forbindelse med neuroimpuls opgaven anvendes med gode resultater.

Nogle er: aktivering eller passivisering af receptorer, frigørelse af neurontransmittere og lagring.

Den handling, som peptidet indgår i virker så intelligent, at noget særligt må være på spil.

Det er imidlertid ikke lykkedes forskerne, eller også tør de ikke, at forklare sig om peptidets sammensatte egenskab.

6.5.5 DNA'et og andre intelligente molekyler og celler.

DNA'et er en intelligent celleenhed med fabelagtig viden. Fra denne celleenhed udspringer dets modpol **RNA'et**, der rummer det specifikke arbejdsmønster for de mangeartede arbejdsopgaver, **DNA'et** sætter **RNA'et** på.

RNA'et indeholder set-up'et for den handling, der skal udføres. **DNA'et** kreerer og styrer processen.

DNA'et er en ufattelig kemisk konstellation. Ikke i kraft af den kemiske sammensætning, men fordi indholdet på den ene side er så enkelt, men samtidig på den anden side indeholder en dimension, der ikke lader sig forklare kemisk.

En stor del af **DNA'et** udgøres af kromatin, der når celledelingen indledes, omdannes til en kromosommasse med individets arvemasse.

Når **DNA'et** kan inddrages i anvendelse af kvantefysikken, skyldes det dels at **DNA'et** er associeret det subatomare niveau, og dels at **DNA'et** trods sit meget forklarlige kemiske billede og stoffer, indeholder tilsvarende intelligens som omtalt i kvantefysikken.

DNA'et har tilsyneladende en særlig overordnet intelligens og styrende egenskab. Det besynderlige ved **DNA'ets** molekylære indhold er, at ved en nærmere undersøgelse på atomart grundlag, så indeholder molekylet blot almindelige grundstoffer, stoffer som sukker, aminer m.m.

DNA'et gør ikke særlig væsen af sig selv med hemmelige bestanddele. Men ret beset befinder **DNA'et** sig så langt tilbage i det enkelte menneskets tilblivelsesøjeblik, at det er at regne for en kvanteenhed.

En enkelt **DNA** enhed er grundlaget for kroppens opståen gennem fosterstadiet, og gennem dette **DNA's** deling som ganske almindelig celleteori om deling, udvikles kroppen og organer. Og det er faktisk dette start **DNA**, der er igangsætter for individets komplicerede nervesystem der påbegyndes dannelse af ca. 20 dage efter den første deling.

DNA'et er et vigtig sted for formidling af neurontransmitterne. **DNA'et** omtales også som værende frembragt i singularitet, hvilket betyder, at stoffet ikke falder ind under de matematiske begrundede teser, og snarere har reference til universets intelligens, altså til bevidstheden. Den samme bevidsthed der ligger i kvantefysikken.

Andre intelligente celler:

Kroppen har over 250 forskellige celletyper, hvoraf manges funktion endnu ikke er fastlagte.

> I de senere år er begrebet **stamceller** dukket op. Denne cellebetegnelse er kommet for at blive, men der vil gå mange år førend lægevidenskaben ved, hvad de har fat i.

Samtidig er det en farlig vej fordi der gribes ind i fysiologien. Stamceller kan hentes fra det nyfødte barns navlestrengs blod eller senere fra knoglemarven. En stamcelle er karakteriseret som en celle der efter celledeling stadig ikke har specialiseret sig, men har evnen til at vælge.

Det fremtiden skal vise er, hvorvidt disse stamceller vil være i stand til at bygge bro mellem f.eks. degenererede celle strukturer mellem to **neuronceller**. Altså at stamcellen ifører sig "arbejdstøj" og således bliver en slags neuroncelle. En anden spændende ting som der skal kastes lys over, er om stamceller findes frit tilgængeligt i hele kroppen. Det mener jeg vil vise sig er muligt, i det der for nyligt er oplyst, at det er lykkedes at udtage stamceller fra næsen

Schwannske celler kan spille en stor rolle som reparatører for celler efter kollaps.

Interleukiner er hormonlignende proteiner dannet i immunsystemet. Sender signaler i de hvide blodlegemer, leukocytterne.

Dopamin dannes i organismen udfra aminosyrer (tyrosin). Opstår bl.a. i synapseprocessen, og f.eks. i basalganglierne. Dopaminneuronerne har stor betydning for indlæring og belønningssystemet som de koder for belønning. Endvidere gennem koblingen mellem den limbiske struktur og områder i frontallappen, i særdeleshed i orbitale cortex.

Serotonin er et monoamin, der dannes ud fra en aminosyre, tryptofan, og dannes i kroppen. Tilhører gruppen af neurontransmittere med reference til nervesystemet og områder som hypothalamus og det limbiske system i øvrigt.

6.5.6 IMMUNSYSTEMET, immunologi.

Immunsystemet omtales indimellem, af fremsynede forskere, som kroppens hjerne. Det medfører at systemets celler må have en intelligens. Dette system er menneskets "overlevelses certifikat". Systemets celler produceres i bl.a. **knoglemarven.**

Det har retten til at overvinde kropslige ubalancer. Uden dette system intet liv efter et uheld af hvilken som helst art. Systemet er langt fra belyst af videnskaben, og fyldt med paradokser.

Da videnskaben ikke har formået at forstå systemet, har den sneget sig ind igennem et egetproduceret hul i hegnet, hvilket jo er godt når man skal videre, og da særlig i sundhedens ærinde.

Problemet er imidlertid, at efterligninger af immunsystemets mangeartede processer, fordi de ikke altid er korrekte som immunsystemets produkter, medfører at der opstår uønskede bivirkninger.

Efterhånden som videnskaben erfarer mere og mere om immunsystemet, konstateres der mere og mere kompleksitet om systemet, og der konstateres et stærkt samarbejde mellem hjernen og immunsystemet.

Det kan udtrykkes således, at hjernen og immunsystemet trækker på samme viden fra specielt neuronnettet.

Immunsystemet indeholder således den samme rest af uforklarlighed som omtalt i kvantefysikken.

Monocytter kan udføre samme styrende og intelligente transaktioner som hjernen kan.

Det er påvist, at frigivelse af **neurotransmittere**, også kan foregå i immunsystemets synapseområder, hvor neuronnerver er i kontakt med en celle tilhørende immunsystemet, og påvirke denne udenom CNS.

6.5.7 HUDEN

Sansningen af den konkrete følelse foregår gennem huden, i hvilken der sidder de såkaldte **receptorceller**. Når det drejer sig om følesansen er der tale om påvirkning af såkaldt mekanisk energi.

Energiformen omsættes til signaler, som fører til nerveimpulser, der har informationen, **transduktionsfase**, der videreføres til aktuelt hjerneområde.

Menneskekroppens hud er lagdelt væv med 3 væsentlige lag, kaldet overhud, læderhud og underhud. Disse lag kan dernæst yderligere findeles.

Hovedparten af overhudens celleindhold er ikke interessant for denne beskrivelse. Derimod er læderhuden en væsentlig medspiller i genopretningsbehandlingen.

Det øverste lag i læderhuden indeholder **papiller**, hvilket er nogle udløbere, der trænger op i overhuden, og dækker et meget stort område.

Papillerne indeholder **sanselegemer**, 5 af slagsen. Nogle Sanseceller når op i overhuden, men hovedparten forefindes i læderhuden. Det er ikke selve sanselegemet der er interessant, men nervebindingen i legemet.

De væsentlige for mit forehavende er: frie nerveender, nervefibre knyttet til håret, det Meissnerske følelegeme og trykregistrerende.

Der findes mange blodkar i læderhuden. Disse kar kontrolleres af det sympatiske nervesystem.

Følesansen består af omtalte overfladesensibilitet men også af en dybdesensibilitet, hvis receptorer findes i muskler og led. Sidstnævnte er også en vigtig viden i forbindelse med kropsgenopretning.

Det er vigtigt at vide, at hudsanserne oftest er lejret i punkter, og derfor er behandlingen også centreret om at påvirke berøringspunkter, trykpunkter og smertepunkter.

En skabt impuls ledes gennem det neurale netværk til rygmarven hvorfra indtrykket føres til **thalamus** i storhjernen. En anden vej fører til neocortex området for den pågældende sansning.

Smertesansning fra de frie nerveender receptorer findes i stort set alt kropsvæv. Disse nerveender kan påvirkes af stort set alle slags irritamenter.

Det er ikke helt klarlagt hvordan fornemmelsen for smerte opstår, men den overvejende opfattelse hælder til, at fornemmelsen udløses af stoffer i det beskadigede væv.

6.5.8 FRONTALLAPOMRÅDET, den præfrontale cortex og orbitale cortex.

I dette område af **neocortex** arbejdes der med impulser og planlægning af handlingsopgaver. Fra dette område sættes opgaverne i gang.

Området indeholder også evnen til at kreere opmærksomhed og handle derudfra. Sanseimpulser, der er entydige, kommer ikke til områdets kendskab, men følges de af f.eks. en tanke, involveres omtalte område.

Det præfrontale område (området foran centralfuren), fylder ca. 1/3 af neocortex. Der er imidlertid knyttet stor usikkerhed til netop dette område, fordi så megen kapacitet er uudnyttet.

Det virker som om, området er forberedt til at skulle rumme noget nyt, der endnu ikke er forskerne bekendt eller som hjernens fortsatte udviklingshistorie vil vise.

6.5.9 TANKEPROCESSEN.

Det er over 50 år siden at en af forskerne der var involveret i kvantefysikken, David Bohm udtalte, at der var mange lighedspunkter mellem kvanteprocesser og menneskets tankeprocesser.

En menneskeskabt tanke gøres operativ gennem en kemisk forvandling, hvorfor det ikke længere er samme tanke, som det var i startøjeblikket, altså den oprindelige tanke.

Tænkeevnen er simpelthen den ultimative julegave til mennesket. Ingen gave, intet produkt vil række mere end 1 % som gave betragtet, hvis den blev sammenlignet med den gave mennesket har fået, gennem at kunne tænke, og ikke mindst tænke abstrakt.

Men mennesker flest værdsætter ikke tænkeevnen, og evner ikke gavens inderste evne, nemlig at være igangsættende.

Den egenskab er meget få opmærksomme på, og undlader at gøre brug deraf. En tanke baner vej for forøgelsesmuligheden af dendritter.

At kunne tænke er et arbejdsredskab, men også fundamentalt og nødvendigt for menneskets overlevelse som enkeltindivid samt for grundlaget for individets indhold af livskvalitet.

Tanken har sæde **i neocortex**, altså den yngste del af vores hjernesystem. Det er en særlig evne som er tildelt en begrænset del af Jordens indbyggere, de højerestående pattedyr.

Fysiologisk ofte et samspil mellem neocortex i hjernens **præfrontale** afsnit og **amygdala**, i det **limbiske system**. Samtidig en mulig samordning af det rationelle og det følelsesmæssige.

Derfor har tankeprocessen, som mennesket selv kan skabe og målrette, meget stor betydning for menneskets sundhedstilstand, og de impulser der foregår i det subatomare miljø/niveau.

Det er bevist, at den følelsesmæssige reaktion udført af amygdala, når at manifestere sig førend en tankebevidst handling forårsaget af neocortex, kommer til udtryk.

Det præfrontale område i neocortex medvirker til at præcisere hensigtsmæssig tankegang.

Det kan skabe problemer i nogle sammenhænge, men når det drejer sig om genopretning af kropsbalancen, kan muligheden faktisk bruges positivt, idet en begyndende følelsesmæssig reaktion, kan forstærkes gennem tænkningen, og derved løfte mulighederne.

Mennesket befinder sig i et slags subatomart tomrum hver gang en tanke tænkes. Det er almindeligt at omtale menneskets hukommelse som et område med muligheder for at, brøkdelshuske, korttidsopbevare, eller langtidsarkivere.

Stedet for muligheden for at opbevare det enkelte menneskes individuelle data, er ikke fastlagt, hvilket er bemærkelsesværdigt, og egentlig ret utilfredsstillende. Som tidligere nævnt er der teori om, det første stadie brøkdelshukommelsen, det sensoriske.

Fra det limbiske systems **hippocampus**, refereres der til området i neocortex's associationsområde.

6.5.10 VIRTUELLE PARTIKLER, OVERGANGE.

Kvantefysikken tillader at et elektronpositionspar kan dannes. Det lever i brøkdele af sekunder. Derefter annihileres parret igen og forsvinder sporløst.

> Et sådant par kaldes et **virtuelt** par. Parret har en udefinerbar værdi, men skal være til stede, for at elementarpartikel fysikken kan sættes på formel.

Omtalte partikler betragtes som værende en sky omkring elektronen og er et slags energibundt, med svingende indhold.

6.5.11 TRANCE- og FLOW BEGREBET.

En kropslig tilstand, hvor hjernefrekvensen er på et svingningsniveau på fra 8-13 svingninger pr. sekund, og blodtrykket sænkes. Tilstanden kaldes også **alfabølgeniveau**.

Ved denne tilstand, der opleves i en opmærksomhedssituation, kan tænkningen enten blive meget målrettet mod et tema (mentaltræning) eller intet (meditation).

Nyere forskning omtaler også begrebet **flow**.

Flow er relativt uhåndterbart, men alligevel funderet. Det har noget med følelser at gøre. Mennesket er i en slags ekstatisk tilstand.

Tilstanden opnås som regel gennem målrettethed. Det gode ved tilstanden er, at det er en kropslig tilstand, hvor belastningen på alle områder er minimale, det cortikale arousalniveau er meget lavt.

6.6 HVAD sker der egentlig i KVANTEMEKANIKKEN?

Kvantemekanikken er et selvgenererende system, hvis fornemste pligt er at skabe liv og vedligeholde det, indtil livet er udspillet.

Filosofisk sagt, skal kvantemekanikken støtte op om alt hvad der foregår i levende mekanismer indtil organernes livscyklus har nået deres fastlagte grænseværdi, og skal afslutte deres tilværelse.

Da det foregår på det subatomare niveau, bemærkes tilstedeværelsen ikke, men det vides at det atomare system konstant udsender markører, der undersøger omgivelserne.

Kvantefysikken påviser, at alle kropslige reaktioner har rod i og søger tilbage til den "ultimative intethed", altså der hvor alt er enkelt fordi der intet er!

Og .....DOG......

Der er jo lige det "aber dabei", at det netop er stedet for den *universelle intelligens, bevidstheden.*

Det er ligesom når mennesket skal i seng, og typisk vil iføre sig særligt nattøj. Først fjernes alt, og kroppen er symbolsk helt nøgen som ved fødslen.

Men kroppen er kun intetheden på overfladen. Indeni er den universelle bevidsthed.

Kvantesystemet er tilbøjelig til at forholde sig til neuronernes særlige evner og reference til hjernen.

Hjernen har altid været omdrejningspunktet for videnskaben, og i særdeleshed neocortex, fordi den i udstrakt grad distancerer mennesket fra dyrene.

I de senere år er det imidlertid blevet mere og mere accepteret at den hjerne mennesket har til fælles med en stor gruppe af dyr, det limbiske system, og i særdeleshed **amygdala og hippocampus,** også har stor indflydelse på styrende reaktioner i kroppen.

Faktisk kommer reaktioner fra dette system før reaktioner fra neocortexområderne. Når sandheden skal frem, er der også klare linjer til vores første, men primitive hjernesystem, det reptile.

Det er ikke god latin på bjerget, for videnskaben har som sagt forsøgt at gøre menneskets krop lidt uønsket. Derfor er der gjort forsøg på at isolere hjernen fra kroppen, og dermed gøre mennesket unikt som individ.

Mennesket har selvsagt langt flere kvaliteter og kvalifikationer end dyrene og floraen, men i forbindelse med sundhed, er der ingen forskel.

Den øvrige flora og fauna har også i deres livscyklus et helbredelsessystem der rummer en intelligens, der er mennesket jævnbyrdigt.

Det, der komplicerer symptombilledet og den senere diagnose er, at alle 3 hjerneområder kan komme på tale. Ikke i samlet flok hver gang, men netop meget nuanceret.

Derfor er det også en tæt sammenhæng mellem en mental og en fysiologisk observation. Oftest er begge muligheder involveret i det samme billede.

Det er i dag fastslået, at kropslige reaktioner ikke er en konsekvens af elektriske impulser alene, men snarere molekylære reaktioner der derefter overfører elektriske impulser.

Det medfører at reaktionsbilledet kan blive meget mere nuanceret afhængig af den kemiske konstellation.

Mit temaområde: kropshelbredelse, får mig til at bevæge mig i det **perifere nervesystem**, og i særdeleshed i det **somatiske**. Jeg mener, at det er en god ide, at tillægge CNS en underordnet funktion i helbredelsen, da jeg koncentrerer mig om hudfladens og underliggende lag som være igangsætter for den genoprettende funktion.

Men der kan føres beviser for, at hele kroppen er et stort neuralt netværk, selv om tilstedeværelse af de særlige nerveceller, neuronerne, ikke er allestedsnærværende.

Den særlige refleksevne som nerveceller repræsenterer, er også til stede i andre celletyper, og ikke mindst den bevidsthed, som synapseteorien beskriver.

I det næste afsnit vil jeg beskrive det klassiske reaktionsbillede, og til det den associerede nerveenhed **neuronet**.

Jeg overlader andre celletyper til min egen beskrivelse i afsnit 8, mit eget felt, idet disse synes at have større betydning i kropsgenopretningen.

6.7 KVANTEFYSIKKENS PARADOKSER og PROBLEMSKABER.

A. Et af kvantefysikkens paradokser er begrebet **BEVIDSTHEDEN.**

> Kvantefysikken indrømmer nødtvungent den **universelle bevidstheds** eksistens, uden dog at konkretisere den.

Godt nok ikke med ordene universel bevidsthed, men indrømmer dog tilstedeværelsen af en *rest*, der af forfatteren omdøbes til universel bevidsthed.

> *Resten* gøres, på grund af de matematiske formlers utilstrækkelighed, til noget uforklarligt, men dens tilstedeværelse er ikke til at komme udenom.

Et andet udtryk for tilstedeværelse af den uforklarlige rest, er en **universel intelligens.**. Alle der forsker og arbejder med kvantefysik kender til *restbegrebet.* De nedtoner imidlertid paradokset, til trods for viden om dets eksistens.

Officielt blev videnskaben mindet om det i 1981 i den tidligere nævnte Vatikankonference.

Dette kernestof i kvantemekanikken er ikke håndterbart og kan derfor ikke indlemmes i et videnskabeligt oplæg, da det ikke kan sættes på formel.

Som, på så mange områder, har der hersket og hersker stadig blandt forskere, stor uenighed om, hvad bevidsthed er, og hvilken grad af effekt den udøver.

Alle udlægninger og definitioner tager udgangspunkt i, at begrebet har rod i noget der har med hjernen og materie at gøre. Begrebet bevidsthed beskriver en menneskelig tilstand.

FB: Så enkelt er det imidlertid ikke.

Menneskelig bevidsthed er et lag under begrebet **universel bevidsthed**, og den korrekte menneskelige tilstand er i stedet, at mennesket kan etablere en **opmærksomhed**.

Begrebet universel bevidsthed bliver beskrevet i kapitel. 8 og er grundlæggende for forfatterens påstande om, kropgenopretningsprocessens evne til at skabe et positivt resultat.

Den **universelle bevidsthed** medvirker og overvåger den kemiske proces på det subatomare niveau, og skaber derved mulighed for genopretning af kroppen, hvis det skønnes naturligt og nødvendigt for menneskets velbefindende.

Den **universelle bevidsthed** vil altid søge hen hvor den oprindelige viden er tilgængelig, altså mod **DNA'ets** viden.

Neuronets adfærd er et studie værd og jeg mener at adfærden bekræfter den **universelle bevidstheds** tilstedeværelse i alle cellekerner, her i neuronet. Neuronets formål er at kommunikere en besked til hjernen så denne kan agere. Det må indebære at neuronet også har et overblik over situationen. Det må betyde at der er foretaget en slags sparring.

Denne sparring foregår under informationens færd frem mod synapsespringet. Det foregår på celleniveau og den menneskelige bevidsthed som videnskaben opfatter, den er ikke på bane i det aktuelle øjeblik.

B. SYNAPSEFORENKLING.

Det neurale netværk, i skikkelse af neuronerne, er normalt omtalt som identisk med begrebet synapsefasen, og som værende den overordnede forbindelsesvej til hjernen, primært neocortex, og dermed CNS.

Det er dette forhold, der gennem mange år har ophøjet denne hjernedel til det bærende fundament for menneskets adfærd.

FB: Det er imidlertid langt fra sandheden. Det perifere nervesystem med reference til det limbiske system, har ligeså stor andel i kropsadfærden og ikke mindst når der fokuseres på helbredet.

Endvidere er det helt klart, at immunsystemets cellestrukturer og molekylære forbindelser, har de samme betingelser. I det hele taget er det sådan, at alle celler i hele kroppen, stort set har de samme kommunikationsmuligheder.

Det betyder ganske enkelt at enhver enhed helt ned på det subatomare niveau, er bevidst om sin opgave, og kan viderebefordre impulser og sammenkædninger, eller holde dem tilbage.

C. TANKE.

William James, medskaber af begrebet videnskabelig psykologi, stadfæstede begrebet sind med, at sindet blev identificerbar gennem en tanke eller hjernens indtræden på arenaen.

Derfor er sindet aldrig blevet defineret korrekt, og er i yderste konsekvens intet, men den sandhed er ikke erkendt af videnskaben, og derfor indgår termen i dagligdagens sprogbrug.

Tankeprocessen starter en budbringerproces i det område, hvorfra impulsen udgår og omhandler ofte en nervecelle.

FB: *Paradokset er imidlertid at den universelle bevidsthed ligger på lur, og glider ind i enhver impuls, der således er beriget med denne tilføjede egenskab.*

Den meget centrale enhed i kvantefysikken er neurontransmitterne. Jeg vil udtrykke det på denne måde: Enhver tænkt tanke følges af en neurontransmitaktion, eller tilsvarende.

Jeg betragter tænkeevnen, som årsag til, at vor krop er i en konstant foranderlig situation.

Det er derfor at begreber som: **afspænding** og i særdeleshed **meditation** er så gavnlig for kroppen. Denne tilstand ligesom søvnen lukker den kropslige fabrik ned til et lavt forbrug, hvilket er måleligt, idet hjernefrekvensen sænkes fra **betabølgeniveau** til **alfa**.

Alle organer kan tænke. Alt hvad der foregår mentalt sætter sine spor i den fysiske krop. Videnskaben burde have den mening, at mennesket kan tænke i 2 baner. Dels gennem spalteoverspringet og dels gennem andre cellekonstruktioner placeret i kroppen, og som også kan kommunikere med hjernen.

I dette område vil det også være korrekt at henlede opmærksomheden på begrebet **somatiske markører** og **virtuelle overgange**, der er en slags følere, skabt af en tanke.

Elektroner og fotoner synes at vide, hvad der foregår af ændringer i omgivelserne. Det kan meget vel tolkes som, at den bevidsthed der er indbygget i disse, er med når tanken optræder på banen.

D. DNA'et

Det er et paradoks, at **DNA'et** har så stor indflydelse, hvis iagttagelsen udelukkende drejer sig om at vurdere på **DNA'ets** molekylære egenskaber. Videnskaben smutter udenom denne kendsgerning.

FB: Min påstand er, at der i DNA'et er indbygget en atomarreference til skabelsesprocessen, således at mennesket aldrig mister evnen til at forholde sig til, at en intelligens står vores univers bi.

Hvilken titel denne intelligens skal have, er et temperamentsspørgsmål og har ret til at være individuelt, hvorfor det f.eks. er legalt at gøre det til sin religion, men det er "gærdeoverspring".

E. NEUROPEPTIDER.

Neuronets formål, at kommunikere med hjernen, må altså for at kunne sende sit svar på tingenes tilstand i egen cellesituation, foretage en sparring med den *universelle bevidsthed*.

Denne handling i det kemiske forløb foregår i det **subatomare miljø**, altså på **kvanteniveau**. Kvanteniveauet lader sig umiddelbart ikke identificere af menigmand, for handlinger foregår i ufattelige små størrelser og med tilsvarende ufattelig hastighed.

Da handlinger i det subatomare miljø samtidig udtrykkes som noget der sker i **"intetheden"**, altså hvor menneskets opfattelse af, at objekter skal være fysisk til stede ikke rækker, så "knækker filmen" hos den menneskelige iagttager af forholdet, og det bliver naturligt at snakke om den megen regn i går!

Det kan ikke iagttages af videnskaben, men vi kan iagttage resultatet efter kontakten med det subatomare miljø, og dette resultat er en tilbagevenden mod tidligere status.

F. DIVERSE.

Hvorfor i alverden så bruge kvanteteorien?

Er den ikke ligeså menneskefjern, ja om muligt endnu fjernere fra "god og sund menneskelig opfattelse og fornuft"?

Al den snak om, at mennesket ikke er en fast enhed. Det bør opfattes som "tåbepåstand". Mennesket kan da ved at gribe sig selv i armen mærke den faste materie. Flydende med lufttomt rum imellem! Vrøvl!

Grunden til, at mennesker som jeg, hopper på den "and" skyldes ene og alene, at videnskaben har ført klokkeklare beviser for, at sådan er det, dualiteten indeholder at kroppen på samme tid er materie og energi, men mindst ligeså vigtigt, *teorien efterlader lige netop den puslebrik jeg har brug for, nemlig at der peges på tilstedeværelsen af en overordnet intelligens,* som går helt tilbage til universets opståen, og som der ikke er ført bevis for, ikke eksisterer.

> Efter min opfattelse er det <u>den helt store fejltagelse</u> der er gjort og fortsat gøres, selv efter at kvantefysikken har fastslået at begrebet rækker langt dybere og ud over levende materie.

For udenforstående, der eventuelt i et øjeblik optræder som drengen i "Kejserens nye klæder", kan det synes som en i dag hel legal hovedvidenskabsgren, **psykologien**, faktisk har taget afsæt fra et meget tyndt grundlag, og stadig gør det, hvis de opererer udfra begrebet **psyken,** for dette begreb findes jo ikke, da kvantefysikken gør det ubestemmeligt.

Jeg kender til filosoffen William James, der satte psykologien på skinner gennem opremsning af en samling af begreber der ret beset er diffuse.

WJ's grundlag indeholder imidlertid en stor mangel: kvantehjørnestenen.

I WJ's "Bevidsthedens Strøm" der altså er et antal begreber, mangles tomrummet mellem begrebernes optræden. Altså det der står over det samlede begreb psyken.

Psyken eller psykologien arbejder kun på menneskeplan med de begrænsninger det medfører.

Udviklingen for psykologien er vel nærmest gået i retning af, at give hjernen hovedansvaret for mange af de udlægninger, der foregår i dag, hvilket gør det videnskabelige indhold mere troværdigt, **men det efterlader mennesket i en vanskeligere situation, når dets tilstedeværelse skal ses i et større perspektiv.**

"Døden står ikke i vejen for

LIVET,

men

LIVET

sluttes med døden".

7.

halleluja.

" LOVET VÆRE GUD" (hebræisk).

Med den viden mennesket har i dag, kan vi faktisk opfatte,

vores univers

eksistens, som et **projekt,** iværksat af en **skaber,** placeret **udenfor** vores univers.

Dette projekt afsluttes og evalueres ved vores univers afslutning. Skaberen af universet og mennesket, har imidlertid tilført projektet en hjælpende hånd, for at det overhovedet har en fair chance for at fungere.

Denne hjælp har karakter af en **universel intelligens, bevidsthed.**

Denne hjælp kan styre og vejlede gennem såvel naturlige som vanskelige situationer.

Derudover skal vores univers ikke forvente yderligere hjælp i projektperioden. Dermed er det også fastlagt, at det enkelte menneske ingen indflydelse har på de overordnede linier.

Derfor kan han/hun i stedet nøjes med at forholde sig til de nære situationer, altså forholdet menneskene imellem herunder også globalt, samt naturen.

Samtidig friholder det os mennesker for, at skulle tage stilling til, hvorfor vi er født og hvad livet egentlig skal bruges til.

Det er meget i "tidens ånd" at udlægge ansvar og selvforvaltning, og at skulle stå til ansvar for udført handling, eller mangel på samme.

Det har menneskene i det store og hele forstået foregår i demokratisk regi. Mennesket er intet lovet, det er op til det selv, men det har i sig, ligesom hele Jordens øvrige organismer, en iboende, direkte livline tilbage til skaberen.

Efter al min gennemgang af det fundamentale i universet, hvilket også omhandler Jorden, og helt ned til menneskets guddommelige islæt, skal jeg nu overgå til beskrivelse af den verden, som jeg, som behandler, fungerer i.

Den burde være meget mere enkel at beskrive og forstå, end det tidligere beskrevne, men kompleksiteten er alligevel stor, da den overordnede sandhed stadig ikke er gået op for hovedparten af menneskene.

nogle vil sige:

"gud være lovet"

Slut på del 1.

Del 2.

8.

"FOKUS"
Universets associering med Kvantefysikken

KÆRE LÆSER.
Velkommen til afsnit 8, 9, 10.

I disse kapitler får du en uddybning af, hvad der foregår i et naturligt kropsmiljø, i et engageret behandlingsmiljø, samt en forklaring på, hvorfor *"FOKUS"*, kropsgenopretningsproces er en behandlingsmetode, der kan lykkes.

8.1 På hvilket teoretisk grundlag opfattes universet, set udfra *"FOKUS" krops- og behandlingsteorien?*

Det efterfølgende beskriver forfatterens udlægning af hvad han anser som forklaringen på vores univers opståen.

Forklaringen på vores univers opståen er:

"Vores univers tilblivelse skyldes, en udenfor vores univers eksisterende intelligens behov for, at lade det ske"!

Men for at sikre dets overlevelse, om ikke andet end "for en tid", da har **SKABEREN** udstyret **vores univers** med lidt startkapital, dets intelligens, og ladet intelligensen virke gennem **UNIVERSEL BEVIÐSTHEÐ**.

> Forfatterens påstand tager således udgangspunkt i *en ekstern universel årsag.*

Samtidig betyder det, at vores univers ikke er enestående og muligvis ikke alene. Dermed er ikke sagt, at der er flere universer, blot at vores univers er frembragt af en skaber **udenfor** vores univers.

Videnskabens udgangspunkt er imidlertid, at vores univers opståen er et internt universelt anliggende.

Forfatteren har tidligere omtalt, at det endnu ikke er lykkedes videnskaben at beregne sig frem til, og samtidig dokumentere, at t=0 er identisk med "TBB", altså at "The Big Bang" præcist finder sted i vores univers skabelsesøjeblik.

Da denne uforklarlighed hos forskerne ikke opfattes som den af mig beskrevne: *"at en skaber bevidst har placeret en ekstern universel intelligens som platform for opstart af vores univers"*, så har det den konsekvens, at den konstaterede intelligens i alle cellestrukturer i vores univers, **skal have skabt sig selv**, indenfor rammerne af vores univers.

Det anser jeg ikke for sandsynligt. Meget tyder på, at mennesket aldrig får sandheden om sit eget univers opståen at vide.

Denne tingenes tilstand har fået jordrelaterede "kloge" mennesker til at byde ind på en konkret gudetro, f.eks. som i kristendommen repræsenteret ved Jesus eller som i Islam repræsenteret ved profeten Muhammed.

Tilbage til årsagen.

SÅDAN, må det forholde sig:

Kvantefysikkens konstaterede rest, eller vacuum mellem $t=0$ (det vil sige universets reelle skabelsesøjeblik) og "TBB" (videnskabens skabelsesøjeblik) indeholder altså en særlig enhed, der sikrer *SKABEREN* indflydelse på 2 ting:

1:   *Selve intelligensens tilstedeværelse på det ultimative mindsteniveau.*

2:   *At intelligensen er beriget med et indbygget, fundamentalt "tilbagefaldsgen" der uspoleret fører iagttageren tilbage til* **SKABEREN** *gennem at "tro på noget".*

Denne tingenes tilstand gør religiøse holdninger, videnskabelige beregninger og resultater irrelevante, da disses forudsætninger søges indenfor vores univers grænser.

Der er belæg for at udtale, at mange videnskabelige iagttagelser og fundamental viden, først rigtig forstås og kan tages i anvendelse, mange år efter offentliggørelsen.

Jeg anser imidlertid ikke, at denne iagttagelse og konsekvens vil gøre sig gældende for begrebet "The Big Bang", da videnskaben selv mener, at den er fremme ved målet, når skabelsesøjeblikket for vores univers skal fastlægges. Derfor må det konstateres, at der faktuelt er en vacuum periode mellem de to øjeblikke, og at startgrundlaget må komme udefra.

Måske er det bedst, om vi undlader at søge dybere efter det endelige svar på vores univers tilblivelse, og i stedet reagerer som naturen og naturligt. At mennesket erkender blot at være en del af et større hele.

I stedet må mennesket komme videre og forsøge at gøre dets ophold på Jorden både meningsfyldt og medmenneskeligt.

1. **universets** opståen er et paradoksalt mirakel, (som i virkeligheden ikke er et mirakel, da det ikke er naturstridigt, eftersom det eksisterer.)

2. Det paradoksale mirakel er, at en **universel intelligens** lader sig omforme til **universel bevidsthed**, ud af ingenting, og danner **LIV**, der kan iagttages.

3. Vores univers levende organismer, deriblandt mennesket, påvirkes af eller kan gennem **målrettet opmærksomhed**, gøre brug af den universelle bevidsthed, der implicit er indbygget i alle kropslige cellekonstruktioner og molekylære forbindelser, helt nede i det subatomare grundlag.

8.1.1 Det paradoksale mirakel.

Når et normalt begavet menneske i et særligt øjeblik henfalder til at tænke på vores univers opståen og eksistens, og blot kommer i tanke om få enkeltheder desangående, slås mennesket af mageløs forundring.

Hvad er det dog for et fantastisk værk, der er sat i gang.

De fleste har samtidig svært ved at opfatte forskellen på universets skabelse, og "The Big Bang".

Men der er en forskel.

Det er endnu ikke lykkedes forskerne og videnskabsfolkene gennem matematiske formler, at forklare sig ud af den kendsgerning, at der findes et "Øjeblik 1" hvis indhold af atomart, molekylært stof ikke er kendt. Endvidere at samme øjeblik er mere end blot et stof eller bølge.

"Øjeblik 1" lader sig indtil videre ikke indfange. Det indeholder en **uforklarlighed**, noget intelligent. Samtidig overlades det til fantasien, at finde incitamentet for universets opståen.

Den intelligens, der har frembragt vores univers, kan ikke selv tilhøre det, for det er påvist, at den mindste byggesten for universet er ufattelig lille, men selv i den tilstand indeholder vores univers et foranliggende moment, en intelligens, en bevidsthed.

Derfor bliver det på den baggrund nødvendigt at starte vores univers skabelseshistorie op i "Øjeblik 2", og først da betegne det som "The Big Bang". I modsat fald gøres "The Big Bang" teorien vores univers til "centrum for **ALT**". Altså at "The Big Bang" er øjeblikket, hvor vores univers, og dermed alle universer under et, skabes, hvilket svarer til $t=0$.

Det giver således også anledning til at konkludere, at videnskaben ikke mener der findes noget udenfor vores univers. I 2006 er det en dokumenteret kendsgerning, at der eksisterer en slags lukket enhed, som alligevel stadig udvider sig, kaldet vores univers, som udgør en ufattelig størrelse.

Universet blev skabt for mere end 20 milliarder år siden med dets indhold af stjerner, planeter, asteroider, osv. Vores Jord tilhører dette univers, og er set i det perspektiv ufattelig lille af størrelse, selv om det betegnes som en planet.

Jeg anser det som irrelevant at indlede diskussioner om, hvorvidt der eksisterer yderligere universer parallelt med det, jeg kalder vores univers. Det må kunne kaldes et mirakel, at vores univers er opstået, og at det indeholder en ufattelig intelligens.

Mirakler defineres som naturstridigt, hvorfor det således bliver et paradoks at ordet anvendes, for er der noget der er naturligt, er det jo netop universet. Jeg kan imidlertid ikke finde andet ord der i den grad sætter universets eksistens på plads end netop ordet mirakel.

8.1.2 Den universelle intelligens.

Jeg tager udgangspunkt i, at i dette kæmpe rum, af stor set intet, er der en allestedsværende *intelligens,* i såvel universet, i Jordens natur herunder flora som fauna, samt som noget meget essentielt, også i mennesket.

Intelligens kan også iagttages gennem **DNA'ets** fabelagtige egenskaber, der selv om det blot består af kendte aminosyrer, alligevel indeholder en intelligens der IKKE kan fastholdes i videnskabens formler, eller under iagttagelse af **DNA'ets** molekylære sammensætning.

Denne kendsgerning er roden til mangeartede diskussioner.

Denne intelligens kan have 2 ophav:

Enten er den opstået som et mirakel, som et slags uheld eller en tilfældighed, som alle mennesker kender til fra hverdagen, eller også er miraklet, at en *skaber,* har gjort det *bevidst.*

Jeg vælger den sidste mulighed som den rigtige.
Det bekræftes gennem, at der hos alle individer, der kan forklare sig, synes at være et tilbagefald til, at vedkende sig en *gud.* Godt nok er den Jordiske manifestation af forskelligartet opfattelse, afhængig af hvilket trossamfund mennesket tilhører, eller om det pågældende menneske omtaler sig som ateist. Selv sidstnævnte gruppe vedkender sig dog et eller andet gudsforhold.

Universet rummer en intelligens, der er allestedsværende helt ned til de allermindste subatomare partikler og bølger. Den overvåger om alt går rigtigt til.

Forskerne har haft svært ved at forholde sig til den kendsgerning, hvilket kan iagttages af de mangeartede diskussioner og meninger, der er fulgt med kvanteteorien gennem næsten 100 år.

For senere at kunne forholde mig til denne intelligens tilstedeværelse, vælger jeg at omdøbe begrebet intelligens til *universel bevidsthed*, idet begrebet bevidsthed bruges i mange af teorierne og omtaler af universets opståen.

8.1.3 Den universelle bevidsthed.
Begrebet bevidsthed har en særlig ophøjet status. Det kendes adskillige årtusinder tilbage.

Begrebet er også brugt for at kunne påvise en tilsyneladende afgørende forskel på menneskets evner, og hvad naturen, dyrenes verden, kunne præstere.

Mennesket har altid haft et stort behov for at fremføre dets lederskab overfor Jordens øvrige væsener. I den tjeneste er bevidstheden indgået som et vigtigt led.

Det viser sig imidlertid i praksis, at videnskaben har svært ved at håndtere begrebet bevidsthed. Det skyldes at begrebet er komplekst, idet som tidligere omtalt ikke er en tilstand, men et **faktum**.

Jeg har valgt at **ophøje** begrebet bevidsthed til et **ikke** Jordisk begreb. Alle menneskets handlinger er underlagt et styrende bevidsthedselement, der ikke kan fremstå som en menneskelig "egenproduktion".

Det er denne form for bevidsthed, jeg kalder *den universelle bevidsthed.* Det er den universelle intelligens iført "arbejdstøj".

Videnskaben har øjensynlig ikke været opmærksomme nok på begrebets tvetydighed, og fuldstændig overset muligheden af, at begrebet har en dualitet. Ikke i normal forstand, men en dualitet på **to forskellige højdeniveauer.**

Videnskaben sætter udelukkende bevidstheden i forbindelse med menneskelig aktivitet og er kun opsat på at have hjernefunktionen som referenceområde.

Det er en meget *forkert* antagelse. Når hjernen aktiveres i forbindelse med bevidsthed, har en anden slags bevidsthed for længst været i gang.

Den form for bevidsthed videnskaben omtaler i forbindelse med mennesket, er rettelig en opmærksomhed, en **tilstedeværelse.** Derfor skal den *universelle bevidsthed* stå alene, og ikke være en menneskekonsekvens på anden vis end, at den eksisterer som en integreret del af kroppen, men **ikke styret af hjernen.**

Grunden til at jeg ikke vil gøre brug af begrebet bevidsthed i relation til mennesket, skyldes kvantefysikkens konstatering af at en sådan allerede eksisterer på det subatomare niveau, hvorfor mennesker ikke kan være bevidste, men blot **opmærksomme**, og ved særlige lejligheder målrettede, altså et niveau lavere.

Et menneske kan således ikke være bevidst eller indtage en bevidst holdning og ej heller have en bevidst adfærd, hvis den er udsprunget og styret fra mennesket selv.

Den fremtoning kalder jeg målrettet opmærksomhed.

8.1.4 *Målrettet opmærksomhed.*

Min definition på **opmærksomhed** afviger fra videnskabens. Jeg tildeler opmærksomheden en særlig egenskab i den målrettede situation. Den særlige tilstand mennesket kan opnå er at i den målrettede tilstand overvåges situationen altid af den *universelle bevidsthed*, som omtalt i forrige afsnit.

Når menneskelig målrettet opmærksomhed er ledsaget af den universelle bevidsthed, er mennesket i stand til, at lade egenenergi transcendere ud af kroppen og bevæge sig i universet, som kvantemekanikken beskriver.

Er målrettetheden vendt mod et andet menneske kan denne energi således intervenere denne person, hvis det er hensigten, og det pågældende menneske har accepteret denne situation.

Det kan udtrykkes således, at de to personer er på samme "bølgelængde". Målrettet opmærksomhed starter herefter en *tankelignede proces*, hvis formål er beskrevet andetsteds.

Hierarkisk opbygning.

De 3 først beskrevne enheder (det paradoksale mirakel, den universelle intelligens og den universelle bevidsthed), er af mig fastlagt som enheder, der indgår i den hierarkiske opbygning, og omhandler det eksterne islæt, der er tilført vores univers ved tilblivelsen.

Disse 3 enheder ligger implicit i alle celle og molekylære enheder. Enten i et stof eller i en bølgetilstand, som beskrevet i kvantemekanikken.

intelligensens tilstedeværelse gør skabelsen af vores univers meningsfyldt, og rummer samtidig en etablerings og overlevelsesfunktion. Intelligensen lader sig repræsentere på lavere niveau, som f.eks. i mennesket ved et overvågningssystem, *Bevidstheden*.

Denne *Bevidsthed* er *universel*, og derfor ikke nogen funktion af menneskets evner eller formåen. Derfor kan mennesket ikke smykke sig med at være noget særligt.

Det er korrekt, at evolutionen har maget det således at mennesket har nogle kvaliteter og kan skabe nogle evner, der f.eks. ikke kan iagttages i dyreverdenen, men det gør ikke mennesket som noget særligt i det samlede univers billede.

Til gengæld kan der også iagttages fantastiske kvaliteter i dyreverdenen, som mennesket slet ikke kan hamle op med. Mennesket er således ikke i nogen særlig præferencesituation frem for de øvrige organismer, der befinder sig på Jorden.

8.2 HVORFOR kan *kropsgenopretningsprocessen* tage afsæt fra kvantefysikken?

Kvantefysikkens opdukken for snart 100 år siden og dens senere finpudsning indeholder en **singularitet**, der virker så meningsfuld, at det næsten kan udtrykkes, at kvantemekanikken faktisk peger på sig selv, som et værktøj for kroppens egen genopretning, hvis der opstår ubalance i celler eller molekylære forbindelser.

Udover at være det ultimative forklaringsgrundlag, indeholder mekanikken også evnen til at nulstille utilsigtede tilstande, hvis kvantegrundlag tages i anvendelse.

De molekylære strukturer og processer kvantefysikken dokumenterer, forklarer at molekylære strukturer kan ændres med **opmærksomheden** som redskab.

Kvantemekanikken er en ***kropsgenopretningsproces, healing.***

Det er den netop fordi teorien om kvantefysikken på den ene side giver svaret på, hvad der foregår, og på den anden side, indrømmer plads til, at kvantemekanikken ikke kan finde sted, uden at forholde sig til processens islæt af en overordnet universel bevidstheds tilstedeværelse, gennem den uforklarlige rest.

Sidstnævnte kan videnskaben ikke forholde sig til, fordi dens tilstedeværelse ikke kan sættes på matematiske formler, hvorfor dens eksistens nedtones eller helt forties, og altså ikke forklares gennem et hvorfor, men snarere et: sådan er det. Det er imidlertid også ok.

Kendsgerningen, at mennesket ikke behøver at forstå hvorfor, blot erkende og være i en positiv opmærksomhed, gør forskellen.

Det er den kendsgerning det alternative miljø netop udnytter, og jeg i ***kropsgenopretningsprocessen, "FOKUS".***

9

Nogle væsentlige baggrunds-
oplysninger, der implicit indgår i

KROPSGENOPRETNINGS-PROCESSEN, kaldet "FOKUS".

9.1. Kropsopfattelse.

9.2. Andre kropslige baggrunde.

    9.2.1. Kropssygdom.

    9.2.2. Energi/healingskraft.

    9.2.3. Sansning.

    9.2.4. Smertetilstedeværelse.

    9.2.5. Placebobegrebet.

    9.2.6. Placeboeffekt, positiv tænkning.

9.3. Parternes forudsætninger.

    9.3.1. Behandlerens profil.
    9.3.2. Hvad er klientens opgave?

9.1 KROPSOPFATTELSE.

FB: *Afviger kropsgenopretterens/healerens syn på kroppen, sig fra den almindelige opfattelse af kroppen?*

Ja.

Kropsgenopretteren ser mennesket som hørende til universet på samme **subatomare** grundlag, som alt andet indhold i universet.

Menneskekroppen er et stort **holistisk system**. Kroppen efterstræber en **homeostatisk** tilstand i hvilket det **arousale** niveau bør være bedst afstemt efter aktuelle tilstande.

Derfor omhandler udbedring af en ubalance i kroppen hele mennesket. Med hele mennesket menes, at behandling indbefatter **hjernen**, hvor den indgår som en naturlig del af den samlede krop.

Kropsgenopretningsprocessen, er derfor ikke en lineær arbejdsindsats, lokal indsats alene eller pilleindsats, men et arbejde udført på kvantefysikkens præmisser, og rettet mod hele kroppen under et.

9.2 ANDRE KROPSLIGE BAGGRUNDE.

9.2.1 KROPSSYGDOM.

FB: *Er sygdom en uønsket tilstand for kroppen?*

Ja. naturligvis.

Det er i øvrigt klart at en situation, der er fremkaldt under særlige omstændigheder eller direkte ved uheld, ikke er en påtvungen skæbne eller straf.

Egentlig er et sygdomsbillede med kropslige ændringer og smerte, et tegn på at kroppen er gået i gang med at udbedre skaden. At immunsystemet er slået til.

I mange tilfælde har kroppen rigtig mange ressourcer at trække på, men det tager selvfølgelig nogen tid at mobilisere disse, og kræver tålmodighed.

Hvor længe denne kamp i kroppen skal stå på, afhænger af individets reaktion, men hvis sygdomsbilledet forbliver uændret, fastlåst, bør hjælpen sættes ind.

Det er på den baggrund at den eksterne hjælp kan blive aktuel. Hvis det drejer sig om farmakologisk hjælp, er det en god ide, at have udskudt pilleindtaget et stykke tid for at have set tiden lidt an.

Indtag af fremmede og kunstige stoffer uden den intelligens som kroppens eget medicinskab rummer, er ikke af det gode, og har ofte oplyste bivirkninger eller i værre fald, utilsigtede. Derfor har medicin, udvundet fra naturen så stor betydning.

Det kan udtrykkes således, at indgår et menneske i en dialog med en **kropsgenopretter**, så indtager det *"alle pillers moder"*, der til forskel fra en eventuel kunstig pille, er udstyret med den **universelle bevidsthed**. Denne "pille" er grundlæggende udstyret med et styresystem, der kender til alle kroppens funktioner med dens indhold af bl.a. hormoner og enzymer.

Denne *"livspille"* kender til alle de hormonale kirtelprodukter, der er i kroppens blod, hvor de fungerer som hjælpemidler for regulering af organismens processer.

Den har også en grundlæggende viden om enzymernes proteingrundlag og hvordan de indgår eller medgår til cellernes kemiske processer, uden dog kemisk at indgå i det dannede følgeprodukt.

Individet er således selv i stand til at udbedre kropslig ubalance, hvis det lykkes at komme i kontakt med omtalte *"pille".*

Hvis det drejer sig om kirurgiske forhold er kroppen også selv i stand til at udbedre skaden, udfra samme intelligensgrundlag, men som under et eventuelt medicinsk forløb, kan det på et givent tidspunkt måske være fornuftigt, at give ekstern hjælp.

I begge situationer drejer det sig om, at det anvendte eksterne medikament eller fysiurgiske indgreb, er så tæt på kroppens egne muligheder som muligt, for at undgå bivirkning.

Det kan imidlertid være svært for det enkelte individ selv at etablere denne mulighed. Det skyldes at omtalte menneske med behov for kropsbedringen, desværre ofte er inde i en tilstand, hvor der ikke længere er viden, vilje eller overskud til selv at forestå den særlige målrettede indsats.

Derfor kan det komme på tale for det pågældende menneske, at kontakte en **kropsgenopretter,** der herefter kan medvirke i processen mod udbedring af ubalancen.

9.2.2 ENERGI /healingskraft.

FB: *Begrebet energi rummer mange aspekter, men et af dem kunne være spørgsmålet:*

"Kan en ekstern behandler skabe et ekstraordinært energiflow?"

Svaret er et ja.

I denne bog hvor udgangspunktet er kvanteteorien med relationen til elektronen/fotonen, dukker også begrebet energi op i flere sammenhænge. Endvidere skal der også peges på at energi også skabes gennem kemiske, molekylære processer.

I kvanteteorien kan energi også betragtes som informationsbærere, hvor energien i sig selv ikke er informativ, men gennem sin tilstedeværelse i synapseprocessen medvirker til den nødvendige stoflige masse, der kan bære budskabet videre.

Men en tredje mulighed for energi, er den efterfølgende:

Det er den energi, der opstår under særlig omstændigheder, en slags **genoprettelseskraft**. Den kan måles af mekanisk, elektronisk vej, således at det ikke blot er en fornemmelse, men en konstatering af dens tilstedeværelse.

Det er imidlertid ikke blot den særlige krafts tilstedeværelse, der er det særegne, men i særlig grad den konsekvens og kendsgerning, at kraften er beriget med den **universelle bevidsthed**.

Man kan sige, at energien har et helt usædvanligt oktantal.

Mærkbar eller synlig healingskraft eller genopretningskraft er det energipotentiale, der skabes i samarbejdet behandler og klient i deres fælles målrettethed og proces.

Der er synlige tegn i kroppen på, at der er opstået et energisk flow. Det kan diskuteres om flowet er af konventionel eller en subtil art.

Det er imidlertid muligt for den engagerede behandler at *transcendere sig selv* og eget indhold af energi over i klienten, hvis denne giver accept.

Det er hele pointen!

Den omtalte energi transmitteres og videreføres gennem den handling, hvor behandleren har bragt sig i kontakt med klientens **sanseceller i læderhuden**, hvis forgreninger rækker op i overhuden.

Der behøver ikke at være en egentlig fysisk kontakt behandler og klient imellem. Overhudens **receptorceller** bliver aktiveret, når processen er iværksat, hvorefter informationsforløbet igangsættes gennem det perifere neuronforløb, der efterfølgende informerer videre i klientens CNS system.

Herved aktiveres både det frontale neocortex afsnit, ligesom det limbiske system slutter sig til.

Processen fortsætter i næste afsnit.

9.2.3 SANSNING.

FB: Kan et individ sanse sig til en bedre kropstilstand, hvis væv, organer eller kropsdele er kommet i ubalance?

Svaret er et rungende ja.

Hvad vil det sige at sanse?

Sansning kan forekomme på mindst 3 måder (mekanisk, kemisk og elektrisk), som nervesystemets neuroner kan reagere på. Sanseevnen har berøringsflade til alle de velkendte fantastiske 5 ordinære sanseværktøjer: (se-høre-lugte-smage og føle).

Der er flere muligheder hvilket er dette afsnits egentlige budskab.

En sansning medfører normalt en aktion gennem kroppens officielle kommunikationssystem, der startes som en nervereaktion via neuronerne, og som normalt skal ende i hjernen, typisk storhjernen.

Som nævnt udgør neuroncellen den normale fremførselsmulighed for informationen. Denne cellekonstruktion er helt og holdent baseret på at kunne kommunikere. Den indeholder også evnen til at opstille alternativer såsom: Skal informationen videre eller ej?

I et negativt valg findes der i cellen en molekylær mulighed der evner at lægge en spærring ud for "utilsigtet" sansning. Det foregår i neuroncellens **synapseovergang**. Denne blokade sikrer at en uønsket reaktion ikke videregives som information til hjernen.

Sansesystemet er således udstyret med et "filter system" hvilket sikrer, at langt mindre en 1 % af alt sanset, bliver registreret og dermed gemt, i længere end en brøkdel af et sekund.

I modsat fald ville individet falde dødt om på grund af overbelastning.

Se i øvrigt bogens afsnit om **synapsekløften**.

Sansning er altså at sende information fra det sted hvor sansningen foregår videre til hjernen. Når det aktuelle budskab kommer frem, anmodes hjernen om at tage over, omkode og behandle informationens indhold for derefter at sætte den naturlige reaktion i gang, oftest fra områder i neocortex.

I omtalte reaktionsforløb er der tale om en ganske normal sansning udløst af et af de gængse irritaments muligheder og en af de 5 normale sansemuligheder.

MEN:

Sansningen har et 6. værktøj, som fremstår mindre synligt end de 5 kendte, der alle har et konkret sted at tage domæne fra. (høresansen fra øret osv.).

Denne 6. sansemulighed kan godt arbejde udfra de 3 tidligere oplyste irritamenter (mekanisk, kemisk og elektrisk), men den kan også vælge at gå sine helt egne veje.

At den **6.** sansningsmulighed kan lade sig etablere skyldes, at muligheden eksisterer i **det limbiske system** i forbindelse med *den målrettede opmærksomhed.*

Dette område var meget i søgelyset i sen 40.erne bl.a. forårsaget af Papez og senere MacLean. De udviste stor interesse for området, systemet.

For en lægmand som mig, virker det som om dette område efterfølgende har mistet forskernes interesse op gennem slutningen af det 20. årh.

Nogle forskere ynder at kalde området, systemet, for **allocortex**, hvilket på mig virker nedsættende. Samtidig er områdets udstrækning på det cortikale hjernekort heller aldrig blevet ordentligt specificeret og placeret, måske for at nedtone værdien, og de fællesværdier mennesket har med andre pattedyr.

Det virker som om, det drejer sig om at køre **neocortex** i stilling, som dokumentation for menneskets overlegenhed og suverænitet på Jorden.

På grund af nedprioriteringen af det limbiske område, virker det på mig som om forskerne er kommet ud på en "strafrunde", som det kendes i skiskydning, for forhåbentlig igen at komme ind på hovedsporet. Altså en blindgyde.

Ikke fordi jeg mener, at forskning i neocortexområdet er uvæsentligt, tværtimod, men det må ikke være på bekostning af det limbiske system. Disse to hjerneområder skal gå hånd i hånd.

De er uløseligt forbundne.

Jeg mener, at det limbiske system er menneskets **kraftcenter, omdrejningspunkt,** og kræver langt større forskerinteresse. Ikke mindst på grund af den *6. Sans* placering i området.

I den **6. sansning** indgår der ikke tvungen brug af **neuroncellernes** egenskaber og ej heller ubetinget refleksion til neocortex, hvis denne vej ikke tænkes taget i brug.

Den **6. sans** kan således sætte en midlertidig bom for den vej, helt på samme måde som neuronet kan det i synapsespringet, hvis det ikke vil viderebefordre en information.

Min påstand bliver således, at mennesket har denne **6. sans**, der har uhindret adgang til kroppens videnbank, *videncellelinien* med *videnceller,* og tilsvarende *innovationslinien* med de *innovative* celler.

Det der er det særlige kendetegn for den **6. sans** er, at denne sansning altid involverer den **universelle beviðstheð**.

> De omtalte cellelinier er min påstand. Begrundelsen for påstanden, kan findes i afsnittet postappendiks andetsteds i denne bog.

Det *alternative kommunikationssystem* har som de vigtigste kerneområder, amygdala og hippocampus samt frontallappen. Ikke det traditionelt præfrontale område, men snarere rettet mod et mere udefineret, men under udbedring, et "neo præfrontalt" område, som bliver sædet for *innovative og telepatisk abstrakt adfærd,* når menneskets sidst ankomne hjernedel, neocortex er færdigudviklet om få eller mange århundreder.

Dette *alternative kommunikationssystem*, baserer sig på en anden cellestruktur end neuronet. Og den store forskel er, at disse celletyper til forskel fra neuronet der er "dødfødt", så kan beholdningen udvide og udvide sig efter omstændighederne.

Jo større nysgerrighed, jo større cellebestand og dermed arkiveret viden og innovation. Her ligger i øvrigt også overgangen til hele **gendiskussionen**, som jeg ved anden lejlighed vil tage hul på. De omtalte cellelinier er min påstand, begrundelsen for påstanden, kan findes i afsnittet postappendiks andet steds i denne bog.

Muligheden er sporadisk beskrevet af den lægelige og psykologiske videnskab, men konsekvensen er ikke rigtig gået op for hovedparten af videnskabens involverede udøvere.

Det må nu være gået op for de fleste læsere, at den 6. sansningsevne er kerneområdet for kropsgenopretning.

Jeg regner med at rigtig mange i de kommende år med mig vil gøre en stor indsats for at dokumentere dette, af videnskaben "fejet ind under gulvtæppe" område. Det er i dette spændende felt, at kvantemekanikken rigtig kan boltre sig.

HER ER ET EKSEMPEL:

Eksemplet tager udgangspunkt i et almindeligt tryk på venstre lårs overside.

1. **Som beskrevet under pkt. tidligere i dette afsnit sker følgende:**

    Personen registrerer trykket. Det autonome nervesystem tager over. Receptorceller i læderhuden registrerer trykket og nærmestliggende neuroncellestruktur starter gennem sit axon og dendrit system, fra celle til celle med den beskrevne synapsefunktion, for til sidst at afslutte kommunikationsforløbet fremme i **CNS**.

Handlingen registreres i frontallappens præfrontale område i neocortex for videre forskning og handling. Reaktionen kunne teoretisk også registreres i amygdala, men da pkt. 2 (beskrevet senere) også udløses, anser jeg det for usandsynligt, idet ikke alle handlinger nødvendigvis benytter sig af de to hjernesystemer, grundet en bevidst spærring i det præfrontale område, hvis informationen ikke refererer til en transaktion i den øvrige neocortex.

Derfor er dette spor ikke interessant i denne sammenhæng, hvorfor jeg har afsluttet uden yderligere kommentarer.

2. **Denne handling er til gengæld meget spændende.**

Personen registrerer trykket. Personen er målrettet. Det vil i dette tilfælde betyde, at denne person er observerende, sansende, tænkende.

En tænkning vil normalt reflektere tilbage til frontallappen som beskrevet under punkt 1, men denne handling er allerede iværksat, og afsluttet. Den ***målrettede opmærksomhed*** gør plads til endnu en reaktion. Den tilsigtede.

Trykket reflekteres denne gang direkte til det limbiske system. Dette system er et ældre hjernesystem end neocortex. Det vides, fordi det bliver installeret som nr. 2 efter hjernestammen.

I dette lidt mere primitive hjernesystem arbejder amygdala og hippocampus sammen. Systemet har godt nok neuroncellen som kommunikationscelle, men de er i denne forbindelse sat ud af spillet.

Det tilsigtede tryk opfanges gennem den målrettede opmærksomhed og *6. sansning*.

Informationen kommer til det limbiske system ledsaget af den **universelle bevidsthed**. Ved ankomsten til dette bearbejdningsområde fra et sansningscenter i området, påbegyndes en vurdering af, hvad det fremtidige forløb skal indeholde.

Det svarer til den handlingsvurdering der finder sted under det i pkt. 1 beskrevne forløb for neuronkommunikationen. Her kommer de **somatiske markører** ind på banen og indtager en central post (se afsnit om **somatiske markører**).

Den 6. sans kan nu igangsætte dens særegne arbejdsrutine. Herefter udarbejdes der en arbejdsplan efter denne forudsætning der eksisterer i samspillet mellem amygdala og hippocampus.

Det er altså den målrettede opmærksomhed, der starter processen. Det er også fra denne sansningsform begrebet *meditation*, ligesom den for tiden meget omtalte tilstand "flow", tager sit afsæt.

Den 6. sans er således den bedste platform for at kunne komme i kontakt med fællesskabet til universet, da det er det ultimative subatomare niveau.

Derfor fastholdes alle levende skabninger i vores ophav, vores univers, og derfor føler mennesket sig i pagt med **naturen**, der har den samme fællesfølelse.

9.2.4 SMERTETILSTEDEVÆRELSE.

FB: *Behøver mennesket at leve i en smertesituation?*

Svaret er et både ja og nej.

For at nejet bliver den dominerende tilstand, skal der rejses nogle forudsætninger, og foretages nogle handlinger. Mennesket skal blive bedre til at forstå, hvorfor begrebet smerte lader sig manifestere.

Egentlig er det en viselig indretning i vor krop. Gennem smerten bliver mennesket gjort bekendt med, at noget er galt, at der er en ubalance. Det er en udmærket situation. Det er den menneskelige reaktion på kroppens udmelding, der er problemskaberen.

Dels fordi smerten i sig selv tit og ofte gør ondt, og dels fordi smerten som aktion nødvendiggør en reaktion, en handling, hvilket betyder at mennesket skal foretage sig noget, og det ikke altid er let at finde ud af, hvad der skal gøres.

Det særlige ved smertebegrebet er, at det er anderledes manifesteret end andre sansninger, idet smertens særegne egenskab er, at den er ubehagelig i sig selv, og kun ubehagelig, men udtrykt som: stikkende, jagende, dunkende. Altså ikke fagligt beskrivende om noget bestemt, men blot ubehageligt.

Det vigtige er at vide, at smerten er et symptom, og altså ikke i sig selv årsag. Samtidig at være vidende om, at kroppen er gået i gang med at udbedre ubalancen.

I afsnit 10 hvor jeg forklarer om en konkret smertebehandling, er smerten i lyske- og lårområdet.

Hvordan foregår smerteudmeldingen om tilstanden i benet?

Ofte udløses generelle smerter fra **frie nerveender** i vævscellerne. De ligger som parate observatører, jeg kan beskrive dem som "journalister", der kommer på banen, hvis en hændelse finder sted.

I mit eksempel er der tale om ubalance i et muskelområde, der sikkert har været kontraheret igennem et så langt tidsforløb, at gennemstrømning er stærkt nedsat, og arterierne er sammenklemte.

Denne situation er årsagen. Smerten bliver et symptom. Årsagen er beskrevet i afsnit 9.2.2. eksemplet.

Efterfølgende er en beskrivelse af smerten som signal, og hvorfor og hvordan det foregår.

Som det første er det væsentligt at huske, at denne bog bygger på viden om det subatomare niveau på grundstof og celleniveau.

Når der er tale om muskelubalancer, er der god fornuft i at forholde sig til symptomerne, fordi de samtidig udmelder noget om det nødvendige samspil mellem det **præfrontale neocortex område** og det **limbiske system**.

Det sidste er faktisk afgørende for en brugbar og langsigtet løsning af ubalancen.

Ved at fastholde smerteudmelding som fokuspunkt, kan behandlingen flyttes hen til det område, der vil kunne medvirke til udbedring af muskelubalancen.

9.2.5 PLACEBOBEGREBET.

FB: *Er placebobegrebet ufuldkomment.*

Ja.

Begrebet placebo (fra latin) kan oversættes som: *"jeg vil behage".*

Hvordan dette begreb har vundet indpas i medicinalindustriens og lægevidenskabens blindforsøg med den titulering, er mig lidt af en gåde. For mig virker det nærmest, som om det er en stor fejltagelse.

Placebobegrebet er kendt som enkelt eller dobbelt blindforsøg med en pille, hvor der er 2 reaktionsmuligheder. En pille der måske virker efter en teoretisk hensigt, og en pille, der molekylært overhovedet ingen virkning skulle have efter den konkrete hensigt.

Dette testgrundlag synes umiddelbart at have de nødvendige forudsætninger for at kunne bruges erfarings- og statistikmæssigt.

Når jeg mener, at fundamentet for ovennævnte forudsætninger er ulogisk og uvidenskabelig, skyldes det, at det er påvist, at den pille, hvis indhold skulle være renset for molekylært reaktionsmateriale, faktisk medfører en reaktion i mere en hvert tredje pilleindtag.

> Der er hermed konstateret en <u>reaktion</u>, uanset pillens neutrale sammensætning.

FB: *Er det en forklaring, der kan række fremad?*
JA.

9.2.6. PLACEBOEFFEKT, POSITIV TÆNKNING.

FB: *Har mennesket adgang til, gennem positiv tænkning, at påvirke en kropslig ubalance, i gunstig retning?*

JA.

Det er ikke ualmindeligt at høre opfordringer fra person til person eller i bogform om, at et menneske gennem positiv tænkning kan opnå forbedringer i en given situation, eller blot opnå en større grad af livskvalitet og glæde.

Hvorvidt denne viden er en kendsgerning, kræver så en form for dokumentation. Her ser jeg så anledningen til at knytte viden fra placebobegrebet op til den **positive tænkning** og påstå, at på den baggrund er det muligt for ethvert menneske at helbrede sig selv.

Den virkelige hemmelighed bag *"FOKUS"*, *kropsgenopretningsprocessen* er, at det målrettede menneske er positivt opmærksomt, og at opmærksomheden kan fremme eget helbred mod det bedre.

At behage sig selv gennem målrettet opmærksomhed rettet mod ubalancen, svarer til at få adgang til den subatomare mindste værdi, der indeholder koden for hvordan den pågældende ubalances struktur så ud, førend ubalancen indtrådte, for derefter at gå i gang med at udbedre tilstanden til det bedre.

Forklaringen på, at positiv tænkning omkring en ubalance giver et hurtigere resultat, skal ses i lyset af 2 ting:

Den første er, at det har noget med den kropslige ressourcetilstand og dens tildelingspolitik af ressourcemængden at gøre. Når en given ubalance opstår, er der en aktuel beholdning af skadesbekæmpende immunceller til rådighed, f.eks. af **T lymfocyt gruppen.**

Jeg går ud fra at den eksisterende beholdning af pågældende celler er afstemte efter det samlede sundhedsbillede i kroppen. En ekstra ubalance medfører derfor en **mangelsituation.**

Når ubalancen opstår starter det neurale netværk med besked til fabrikationsstederne for T lymfocytter om at øge produktionen. Denne produktionsforøgelse tager nogen tid, hvis den overhovedet kan lade sig gøre. Det kan altså i værste fald blive et spørgsmål om prioritering af ressourcer.

Den anden er, at situationen kan betragtes under den vinkel den ramte person bringer sig i.

Ved at engagere sig positivt og målrettet hjælpes kroppen i sin overvejelse om, hvilke ubalancer der skal have højest prioritet, hvilket vil sige, at mindre ubetydelige ubalancer får tilført mindre ressourcer end tidligere, idet disse overføres til den sidst ankomne.

Men et langt mere betydningsfuldt resultat af målrettet, positiv tænkning er, at produktionen af hjælpelymfocytter vil øges under de nye indledte omstændigheder. Det modsatte er også kendt i dag. Hvis en person er i sorg, og ikke har det positive afsæt, da mindskes produktionen af T lymfocytter.

9.3 PARTERNES FORUDSÆTNINGER.

9.3.1 Behandlerens profil.

*Med hvilken ret kan en person indtage rollen som **"FOKUS"** kropsgenopretter/healer?*

Alle har ret til at træde ind i arenaen, og det er en god ting, når det drejer sig om kropsgenopretning, for det viser sig, at indgangen til at kunne udføre **kropsgenopretning** er utallige.

Enkelte **kropsgenoprettere** har fået deres evne til at transformere energi fra usædvanlige hændelser som f.eks. ulykker de selv har været involveret i.

Andre hævder at det er en særlig evne de er født med, ligesom endnu andre hævder at de genopretter i Jesus navn.

Den store flok hvortil jeg hører, er ganske almindelige mennesker, der er blevet inspireret til gerningen gennem et naturligt, sundt og engageret forhold til andre mennesker, og gør sig en særlig anstrengelse for at udstrække følelsen af **altruisme, næstekærlighed.**

*Hvilke faglige og personlige kvalifikationer, kan en klient forvente at en **"FOKUS"**, **kropsgenopretter**, er i besiddelse af?*

En vigtig kvalifikation er, at behandleren har en eller flere såvel almene som faglige uddannelser bag sig, suppleret med stor livserfaring.

Det styrker troværdigheden.

Skal fremstå som en stærk person. Både fysisk som adfærdsmæssigt og må ikke optræde som bedrevidende.

Kropssproget skal være korrekt afstemt med vægt på varme, smil, naturlighed, god hygiejne, og positivitet.

Der skal være et klart snit over den professionelle fremtoning, og almen viden om den menneskelige krop er en forudsætning.

De spirituelle parametre bunder i respekt og empati overfor **universet og naturen.**

Terapiformen er indhyllet i begrebet **altruisme, næstekærlighed.** Mestres denne holdning ikke, vil behandlingen ikke lykkes. Klienten skal kunne fornemme denne holdning, og samtidig forstå, at det intet har til fælles med kærlighed i seksuel forstand, selv om intimiteten kan blive følelig.

Denne dybe fællesfølelse er et særkende behandleren og klienten imellem, med evnen til i fællesskab at komme ind i vores fælles univers, og lade sig fange af den fælles *universelle bevidsthed.*

Behandleren skal være i stand til at gå ind i et stærkt engagement med egen **målrettet opmærksomhed** og den dertil knyttede universelle bevidsthed. Det betyder at behandleren har evnen til at lægge alt uvedkommende bag sig i behandlingstiden. Dette er altafgørende for, om en person egner sig til opgaven, at kunne hjælpe andre med **kropsgenopretning.**

Kropsgenopretning kræver evnen til at fornemme og anvende den universelle bevidsthed, og gennem fokuseret opmærksomhed lade sig transcendere over i klientens sfære og krop.

9.3.2 HVAD ER KLIENTENS OPGAVE:

Når en potentiel klient opsøger en *"FOKUS"* behandler, forventes det at tilstanden hos pågældende er, at denne har en ubalance eller en smertetilkendegivelse et eller andet sted i kroppen.

Denne tilstand kan være af tankemæssig (tidl. psykisk) eller kropslig (somatisk) art, eller som oftest begge dele. Samtidig forventes selvsagt, at klienten kan redegøre for tilstanden.

Efter denne redegørelse fra klientens side tager behandleren stilling til, om klienten skal behandles eller at opgaven ligger udenfor kompetenceområdet for den pågældende behandler.

Det forventes at klientens holdning til **genopretningsprocessen** er fordomsfri og åben, men det er ok, hvis klienten er skeptisk, blot det ikke står i vejen for interaktionen mellem behandler og klient.

Vælger behandleren at fortsætte, kan der stilles følgende krav til klientens adfærd:

1. Lytte til behandleren der indledningsvis fortæller om den kommende helbredelseshandling.
2. Indstille sig på at give behandleren fuld accept af berøringen.
3. Lukke alt uvedkommende ude af egen tankegang.
4. Være i stand til at henføre sig til området, gennem tanken, når helbredelsen påbegyndes.
5. Starte samme målrettede opmærksomhed mod området som behandleren gør, for derved at tilføre stedet den *universelle bevidsthed*.

"Man leger ikke med

LIVET

men

LIVET

kan godt gå som en leg".

10.

"FOKUS"

KROPSGENOPRETNINGSPROCES

Selv om alternative behandlere ynder at udtale, at vi er **årsagsbehandlere** og ikke symptombehandlere, så er der visse temaområder, hvor vi bliver nødt til at gå efter symptomerne, for at udbedre og fjerne årsagen.

Derfor er det vigtigt at enhver kropsgenopretningshandling indledes med en samtale om symptomerne, så behandlingsformen kan fastlægges. *"FOKUS", kropsgenopretningsprocessen* arbejder udefra flere mulige behandlingsvinkler.

Det kan være:

1. Ren samtaleterapi med selvhypnose.

2. Ren massageterapi med forskellige trykdybder.

3. Massage med indlagt *"FOKUS", kropsgenopretningsproces.*

4. Ren *"FOKUS", kropsgenopretningsproces.*

Overordnet for alle behandlingsformer er, at der skal genskabes balance i det legemes område, der er i ubalance. Det kan være i et vævsafsnit, en eller flere muskler, forskellige organer, eller måske, men ikke mindre væsentlig, i menneskets adfærdsbase.

Endvidere er det et fælles træk i behandlingsteknikken, at behandleren og klienten indtræder i et fælles universelt rum knyttet sammen gennem den subatomare fællesnævner. Samarbejdet kan lykkes fordi værktøjet til genopretning ejes af begge parter.

Grunden til, at behandlerens tilstedeværelse er nødvendig, skyldes, at klienten ved henvendelse til behandleren har indrømmet, at befinde sig i en tilstand af håbløshed, manglende tillid til egen formåen, samt ofte er i energiunderskud.

Alle mennesker kender til fornemmelsen af, at være løbet tør for energi. Derfor bliver behandlerens tilstedeværelse nødvendig.

Behandleren kan opfattes metaforisk, som en ekstern "startmotor", eller et fuldt opladt batteri, der hjælper klientens motor i gang, idet den har opstartsvanskeligheder eller egne batterier er flade.

Egentlig meget enkelt og letforståeligt, og ikke megen hokus, pokus.

For bedre at kunne forklare hvad **kropsgenopretningsprocessen** indeholder, har jeg valgt at komme med et behandlingseksempel, vælge en behandlingsvinkel, og beskrive hvad der sker under hele forløbet opdelt i 3 sekvenser, **FØR, UNDER,** og **EFTER** *"FOKUS"* behandlingen.

Eksempel på et forløb med *"FOKUS"*, kropsgenopretningsproces.

"Det drejer sig om en idrætsmand, en fodboldspiller, der har meget ondt i lyskenområdet samt lårets muskelgrupper, hvilket har medført gang, løbe og sparkebesvær. Ubalancen sidder kun i venstre ben."

Jeg vælger i dette tilfælde behandlingsform 3:

Massage med indlagt *"FOKUS"*, kropsgenopretningsproces."

OPDELING AF BEHANDLINGEN I SEKVENSER:
A. **FØR** klienten ankommer.
B. **UNDER** behandlingsforløbet.
C. **EFTER** behandlingen har fundet sted.

NB: Hver af de 3 frekvenser beskrives på følgende vis:

Jeg starter hver sekvens, (før, under og efter) med at beskrive behandlerens handling.

Derefter beskriver jeg det samme handlingsforløb, men set ud fra en kvanteteknisk vinkel.

Jeg indleder denne beskrivelse, ved at gentage det tidligere beskrevne handlingsforløb, *med kursiv skrift* for derved at gøre det er nemmere at kunne sammenligne.

Dernæst beskriver jeg det kvantetekniske forløb med **FED skrift**.

A: FØR klienten ankommer:

10.1.1. Behandlerens handling FØR påbegyndelse af *"FOKUS"*, *kropsgenopretnings-processen.*

1. Jeg forbereder mig meget omhyggeligt før klienten træder ind i min klinik.

2. Det vil sige at jeg fjerner alle irrelevante tanker og stemninger.

3. Borte er alle hverdagens indtryk og min opmærksomhed rettes mod universet, i mit tilfælde mod naturen som et brugbart, realistisk billede. Jeg stiller skarpt ind på billedet af et svensk landskab og i særdeleshed en grøn skov.

4. Genkender store vidder, fred og ro. Forsøger at sanse flora og lyset.

5. Spørger mig selv, om jeg er rede til at vise mit medmenneskelige engagement.

6. Hvis det er en kendsgerning, mærker jeg en indre varme og glæde.

7. Jeg gennemløber de informationer, jeg har fået af klienten ved den første henvendelse (oftest telefon). Ubalancens symptomer.

8. Forvælger behandlingsform, dvs. en af de 4 typer.

9. Ved klientens ankomst informeres jeg igen om symptomerne.

10. Herefter forklarer jeg, hvad der skal foregå, (uddyber den valgte type), hvilken stilling og påklædning klienten skal indtage, samt det nogenlunde tidsforbrug. Forklarer om begrebet visualisering, og peger på muligheden af, at klienten kan finde et tema, på hvilket der senere kan visualiseres.

11. Til slut afkræver jeg klienten en accept af det skitserede forløb, og et klart "ja" til, om han/hun er parat til at indgå i en fælles aktion.

12. Klienten lægger sig på briksen.

10.1.2. Kvantekropslig reaktion på *"FOKUS" processen,* FØR påbegyndelse.

3. *Borte er alle hverdagens indtryk og min opmærksomhed rettes mod universet, i mit tilfælde mod naturen som et brugbart, realistisk billede. Jeg stiller skarpt ind på et svensk landskab, et grønt skovområde.*

3. **Ved at aktivere (tænke) den målrettede opmærksomhed, starter der en kemisk, molekylær proces i mig, og min universelle bevidsthed forstærkes i det frontale område i hjernen.**

    Mere præcist i præfrontale cortex, fra hvilket sted koordinering og styring også finder sted.

    Jeg er endnu ikke "trådt i karakter", men denne begyndende målrettethed medvirker til at forberede de efterfølgende handlinger. Området kaldes ofte **arbejdslageret**.

    Det er fra dette område, at styring af fremtidige stimuli, forårsaget af behandlingen, finder sted.

4. *Genkender store vidder, fred og ro. Forsøger at sanse flora og lysindtryk.*

4. **Denne målrettethed mod naturen flytter aktivitetsstyringen mod det limbiske område og medvirker til at min hjernefrekvens sænkes til alfaniveau, (lettere drømmesøvn), som kendes som den indledende fase for meditativ tilstand.**

Jeg forenes med en af mine grundfæstede behandlingsenergier og livssyn, næstekærligheden, hvorigennem en arousal tilstand indtræffer med paratheds molekyler, (somatiske markører) samt, at der bliver sat gang i muligheden for frembringelse af virtuelle overgange.

Jeg føler den karakteristiske varme, der er en bekræftelse på, at jeg har den berigede energi (indeholdende den universelle bevidsthed), der skal til for at kropsgenopretning kan finde sted.

11. *Til slut afkræver jeg klienten en accept af det skitserede forløb, og et klart **JA** til, at han/ hun er parat til at indgå i en fælles aktion.*

11. **Når klienten afkræves en accept skærpes opmærksomheden hos denne, og begge oplever en fornemmelse af interaktion, energiudveksling.**

   I daglig tale anvendes ofte udtrykket "prøver om kemien passer". Det er et meget betegnende udtryk for situationen, og passer fint ind i "*FOKUS*" teorien. Denne iscenesættelse fra behandlerens side, medfører at klienten fornemmer aktivitet i følelsescentret, det limbiske område, og bliver mere sensitiv.

B: UNDER behandlingsforløbet.

10.2.1 Behandlerens handling Under "FOKUS", kropsgenopretningsprocessen.

Mange års erfaring, har lært mig at det eksempel jeg her tager udgangspunkt i, er en skadestype, der bedst behandles i 3 tempi.

Derfor er denne her sekvens opdelt i disse 3 faser:

Fase 1. Indledning.

Fase 2. Gennemarbejde lyskenområdet og lårmusklerne med en blid oliemassage, af ca. 10-15 min varighed.

Fase 3. Skabe interaktion de 2 personer imellem, hvor kropsgenopretteren indtræder i klientens sfære og krop, gennem en transcenderingsproces, hvor den universelle bevidsthed er bindemidlet.

FASE 1.

1. Jeg stiller mig ved siden af briksen med lukkede øjne, og målretter min opmærksomhed mod klienten, og samler mine tanker i pandeområde.

2. Efter få minutter bevæger jeg mig op bag hovedet af klienten, og lægger håndfladerne på dennes pandeområde. Denne stilling fastlåses i yderligere 2-3 min.

3. Herefter henvender jeg mig til klienten og takker for, at jeg har fået adgang til dennes krop, hvilket giver ham/hende mulighed for at modtage ekstra kraft udefra. Endvidere siger jeg, at han/hun har udvist et godt initiativ ved at sætte tid og penge af, til et forsøg på at genskabe en bedre balance i omhandlede kropsdele eller organer. Repeterer for klienten at han/hun skal opfatte mig som en "hjælpemotor", et ekstra batteri med energi.

4. Indtager herefter min plads ved klientens venstre ben. Anmoder klienten om at rette sin opmærksomhed mod de områder, jeg bevæger mig hen over eller er i kontakt med. Oplyser at det vil få en forstærket virkning hvis klienten ved kontakt med sin smerte, forsøger at visualisere et tema. Det kunne f.eks. være, at se smerten som en istap, der smelter.

5. Jeg lægger herefter en hånd på klientens **thymus, brislen** område, og bliver der nogle minutter dels med min skærpede opmærksomhed og dels med en let fysisk banken i området.

FASE 2:

6. Jeg påbegynder nu en **ny fase**, der er en meget **blød massage med olie**. Denne behandling varer ca. 10 min.

FASE 3:

7. Derefter påbegyndes **den tredje fase**. (selve *"FOKUS"* behandlingen).

8. Jeg lægger mine hænder på de omhandlede områder, først på lyskenområdet, og uden at bevæge dem. Fra 5-10 min.

9. Herefter flytter jeg hænderne til det omhandlende lårområde, hvor hænderne også er i tilsvarende minuttal.

> **HEREFTER ER KROPSGENOPRETNINGSPROCESSEN GENNEMFØRT**

10.2.2 Kvantekropslig reaktion på *"FOKUS" processen,* "UNDER processen".

1. Jeg stiller mig ved siden af briksen med lukkede øjne, og målretter min opmærksomhed mod klienten, og samler mine tanker i pandeområdet.

1. Med lukkede øjne fornemmer jeg, at have flyttet min *målrettede opmærksomhed* op i panderegionen, nærmere betegnet i områderne hvor pinealkirtlen og frontallapperne findes. Målrettetheden mod klienten medfører at denne inddrages i situationen. Gennem denne målrettethed aktiverer jeg yderligere det limbiske system og i særdeleshed hippocampus og amygdala. Tankeopmærksomheden medfører forskellige molekylære processer. Jeg fornemmer varmetilstrømning i min krop, der kan udlægges som molekylær og universel bevidsthedsenergi.

2. *Efter få minutter bevæger jeg mig op bag hovedet af klienten, og lægger håndfladerne på dennes pandeområde*

2. Når mine hænder lægges på klientens hoved, starter der ligeledes processer hos denne i samme områder, som jeg selv har aktiveret. Ved at placere opmærksomhed på panden hos klienten, sker der de samme molekylære reaktioner som beskrevet for behandleren. For begges vedkommende igangsættes også koordinering af intuitiv indsats.

Klienten sættes op til handling, opladning, uden egentlig selv at skulle igangsætte og ville det. Den begyndende særlige energikilde, er begyndt at flyde.

Klienten er i en *begyndende trancetilstand.*

3. *Herefter henvender jeg mig til klienten og takker for, at jeg har fået adgang til dennes krop, hvilket giver ham/hende mulighed for at modtage ekstra kraft udefra. Endvidere siger jeg, at han/hun har udvist et godt initiativ ved at sætte tid og penge af, til et forsøg på at genskabe en bedre balance i omhandlende kropsdele eller organer.*

Repeterer for klienten at han/hun skal opfatte mig som en slags "hjælpemotor", et ekstra batteri med energi.

3. Henvendelsen til klienten forstærker dennes opmærksomhed, og de nævnte temaer skaber et yderligere tankeflow hos klienten med efterfølgende molekylært "set up". Klientens aktivitet og nærvær bliver således også stedfæstet til det limbiske system.

4. *Indtager herefter min plads ved klientens venstre ben. Anmoder klienten om at rette sin opmærksomhed mod de områder, jeg er i kontakt eller bevæger mig hen over. Oplyser at det vil få en forstærket virkning hvis klienten forsøger at visualisere et tema. Det kunne f.eks. være, at se smerten som en istap, der smelter.*

4. **Denne opfordring er meget vigtig, idet klienten gennem denne målrettede opmærksomhed forøger genoprettelsesmuligheden i det sygdomsramte område.**

    At forsøge at billedliggøre smerten gennem visualisering, har vist sig at være effektivt. Ved at forsøge at se en istap smelte, som symbol på smertens aftagen, opleves det ofte som at en særlig varme opstår i området.

5. *Jeg lægger herefter en hånd på klientens* **thymus, brislenområde.** *Jeg bliver der nogle minutter, dels med en skærpet opmærksomhed, og dels med en lettere fysisk banken på området.*

5. **Ved at berøre klientens brisleområde henleder jeg klientens opmærksomhed på et meget væsentligt område for produktion af celler til immunsystemet. Thymus tillægges ikke stor værdi af lægevidenskaben når mennesket er blevet voksent. Jeg mener imidlertid, at det er muligt at øge produktionen af T lymfocytter i væsentlig grad gennem denne målrettede provokation af området, og samtidig få produktionen ført frem til ubalanceområdet.**

KVANTE REAKTIONSBILLEDE:

Nu er der virkelig "fyret" op under konsultationen. Både behandler og klient er virkelig i en **aktiveret tilstand**. Nu drejer det sig om at få kroppens eget "**lægehold**" frem til ulykkesstedet. Transportmidlet er **neuroncellerne**.

Nervecellerne er aldrig i ro, da de blandt andet er bundet op til sanseapparatet, hvor der sjældent er lukket helt ned. Selv under den meget dybe søvn, **deltasøvnen**, hvor der ikke er nogen menneskeengageret sansning, er systemet i gang, styret af f.eks. immunsystemet.

Som behandler har jeg igangsat en handling der aktiverer det perifere nervesystem med dets nervecelle, neuronet. Neuronet er nu opsat på, at kommunikere handlingen videre mod CNS (centralnervesystemet) med endestation i neocortex afhængig af hvilken handling jeg har igangsat.

I nervens ende der rækker ud mod en anden nerve, der ligger en position nærmere neocortex, påbegyndes nu en informationsafsendelse som en elektrisk impuls. Denne impuls har imidlertid ikke den umiddelbare egenskab, at kunne springe over i den anden celle, idet der er en fysisk afstand mellem de to involverede nerveceller. Der er et konkret tomrum, en kløft mellem de to nerver.

Her står handlingen overfor en uladsiggørlighedssituation. Det er her **kvanteteorien** giver det nysgerrige menneske forklaringen på, at en åbenbar uladsiggørligsituation, kan lade sig praktisere. I den afsendende nervecelles **(axonets)** endedel findes muligheden for at afsende informationen videre til modtagercellens forskellige typer af **receptorer**. Den aktuelt valgte receptor danner sammen med impulsen, et **kemisk** stof, et molekyle, et peptid, som medvirker til at der opnås kontakt til modtagercellens receptor, i **dendritarmen**.

Denne kontakt kan imidlertid ikke lade sig gøre uden, at kvantefysikkens "ubestemmelighedsfaktor" indfinder sig, altså den *universelle intelligens* repræsenteret ved den *universelle bevidsthed*. Dens rolle er jo at være allestedsværende og optræde som observatør og proceshjælper.

Derfor indtræder den *universelle bevidsthed* i processen. Danner i et ufatteligt lille moment en kløftovergang med den molekylære enhed fra axonet (den afsendende celle) som følgesvend, og fanger modtagercellens dendrit, hvorefter impulsen kan fortsætte sin vandring frem mod CNS. Det beskrevne beskrives normalt som **synapsefasen.**

> *Herefter er der skabt adgang for det kropslige lægehold.*

FASE 2:

6. *Jeg påbegynder nu den anden fase, der er en meget blød massage med olie. Denne behandling varer ca. 10 min.*

6. Massagen påbegyndes, hvilket er en meget **vævsopblødende behandling. Endvidere tilføres berørte områder mere ilt, næring, og energi.** Under massagen bliver et antal af disse receptorer aktiveret, og der går besked til det **perifere nervesystem,** og videre mod **CNS**, hvor endestationen i første omgang er storhjernens delområde i frontallappens venstre side, i det orbitale område. I dette område foregår der en tolkning af impulsen fra klientens ben. Det orbitale område vurderer at denne aktion rettet mod benet, er af "fredelig" karakter, men bør udforskes af det limbiske system, hvortil der også er en permanent linie fra det orbitale område.

KVANTEREAKTIONSBILLEDE:

I det **limbiske område** hvor kontakten med benet lander og behandles, udsættes handlingen for en anderledes type af vurdering, der har karakter af følelsesmæssig og erfaringsmæssig observans. Informationsimpulsen indeholder den **universelle bevidsthed**, der konstant indgår i alle neurale transaktioner, for at sikre hensigten.

Den vedvarende berøring af klientens hud medfører, at klientens trancetilstand forstærkes. Klientens tilstand er nu i området for **alfabølger**, dyb afslapning, men opmærksom, tæt på Theta drømmesøvn. Da klienten er anmodet om at være målrettet opmærksom, svarer det til den tilstand, jeg i mentaltræningsbehandling anvender, hvor det er muligt at skabe målrettet tankevirksomhed, med det sigte at ændre en irrationel adfærd. I den aktuelle situation er klienten medvidende om hvad der foregår i det der kaldes en **selvhypnotisk tilstand.**

Det forstærker klientens behov for at være med i **kropsgenopretningen**, hvorved de molekylære forbindelser udbygges.

Det er min vurdering, at netop ved at påvirke huden, og derved påvirke det perifere nervesystem, med den kraftige relation til det limbiske system, **amygdala**, da undgås det, at aktivere særligt meget i det **orbitale område i neocortex**, hvilket betyder, at der ikke sættes tanker ind omkring det rationelle i det pågældende og fremtidige behandlingstema, hvilket betyder, at kroppen kan målrette sig mod de "følelsesmæssige" impulser, der er ført til amygdala.

Hud påvirkningen og klientens aktive og målrettede opmærksomhed mødes i **hippocampus** området, og danner en meget stærk cocktail.

FASE 3:

7. Derefter påbegyndes den tredje fase.

> **7. DET ER NU DET SKER. Her starter den egentlige kropsgenopretningsproces.**

Den tilladte påvirkning og sansning gennem huden udløser som tilsigtet virkning, at impulser tilføres binyrerne der som funktion har, at producere **epinefrin**, eller som her dets modsatrettede, **norepinefrin**, der er et hormon, der bevæger sig frem til **vagusnerven** hvis receptorer opfanger dette.

Herefter forstærkes den tilsigtede sænkning af hjertefrekvensen, og amygdala processen fastlåses, hvilket er grundlaget for den stærke proces, der foregår så længe presset mod huden opretholdes.

8. Jeg lægger mine hænder på de omhandlede områder, først på lyskenområdet, og uden at bevæge dem. Fra 5-10 min.
9. Herefter flytter jeg hænderne til det omhandlede lårområde, hvor hænderne også er i tilsvarende minut tal.

KVANTEREAKTIONSBILLEDE.

8-9. Gennem behandlerens målrettede opmærksomhed mod lyskenområdet, tilføres et ekstraordinært sæt "kvantepakker", med meget højt energiniveau, hvorved baggrundsenergier kan omformes til partikel, bølgevirksomhed, der registreres af klientens celler i samme område.

Påvirkningen er så stærk, at det kan opfattes af hudens nervereceptorer. Den allerede igangsatte proces (se afsnit om huden) bliver nu yderligere forstærket.

Klientens trancetilstand med den indbyggede *vilje* til alternativ skadesudbedring, medfører et forøget kommunikationspres gennem det neurale netværk. Det nye aspekt i denne fase er, at viljen gør sin indflydelse gældende som positiv, engageret energibefordrer.

Det er i disse øjeblikke, at de virtuelle overgange opstår, og somatiske markører kan gøre deres virkning. Denne situation medfører at følerne opstiller nogle muligheder, og at der er en vis sandsynlighed for, at det stærke pres opmærksomheden lægger på tilstanden, kan medføre fremadrettede, positive muligheder.

Der opstår 2 muligheder. Enten er klientens vinkel til *kropsgenopretning* for spinkel, hvorfor helbredelsen kun bliver af begrænset og midlertidig art, eller også vælger de virtuelle overgange og somatiske markører, at gå med på ideen om udbedring af skaden, hvorved masseproduktion af kropsgenoprettende molekylære kæder finder sted, og udbedringsprocessen accelereres.

Der er tale om en slags "mutationstilstand". Hvis kroppens holdning (klienten) virker troværdig, er der stor sandsynlighed for at en ny og forbedret tilstand kan opretholdes.

Det er i denne tilstand at kvantepakken "størkner", og den forventede nye tilstand i berørte celleområder, får en ny, men forbedret tilstand.

C: EFTER behandling har fundet sted.

10.3.1 Behandlerens handling EFTER *"FOKUS"*, *kropsgenopretningsprocessen.*

1. Klienten skal nu ligge nogle minutter for at gennemtænke forløbet.

2. Når klienten er parat gennemsnakkes forløbet, og behandleren kommenterer eventuelle udtalelser fra klienten, hvis det er aktuelt.

3. Når samtalen dør ud, byder behandleren ind på, i hvilket omfang og med hvilken tidsmæssig frekvens, efterfølgende behandlinger skal foregå. Endvidere oplyser behandleren hvilken pris det samlede behandlingsforløb vil komme op på. Der etableres en hotline således at klienten til enhver tid i behandlingsmellemrummene, kan komme i kontakt med behandleren.

10.3.2 Kvantekropslig reaktion på *"FOKUS" processen.* EFTER processen.

1. Klienten skal nu ligge nogle minutter for at gennemtænke forløbet.

1. **Når klienten fritstilles vender denne tilbage til betaniveau, samtidig med at forløbet lagres.**

Lagringen vil finde sted i det limbiske system, omkring **hippocampus** og **amygdala**. Handlingen lader sig manifestere gennem **somatiske markører**. Når klienten fastholder den nyligt gennemlevede proces i nogle minutter, fastlåses markørerne i opfattelsen af, at det er den fremtidige ønskværdige tilstand. Derfor arbejder **kropsgenoprettelsesprocessen** videre i klienten, selv efter at behandleren har afsluttet behandlingen for den dag.

2. *Når klienten er parat snakkes forløbet igennem, og behandleren kommenterer eventuelle udtalelser fra klienten, hvis det er aktuelt.*

2. Gennem den efterfølgende samtale fastholdes klienten i sygdomsbilledet, men med fokus på et positivt afsæt for en forbedret situation. Klienten mærker egen viljestyrke, der peger frem mod kroppens tilbagevenden til optimal effekt. Det forstærker den positive tænkning, og hver gang klienten tænker på kropssituationen, tager de **somatiske markører** over, og fastholder den positive fremgang.

RESUME:

Enhver celle i menneskets krop, som alle andre subatomare enheder i vores univers, er på grund af vores univers særlige opstart, beriget med en intelligens som universet er tilført udefra.

Intelligensen har manifesteret sig i individets cellestruktur som en særlig bevidsthed, der er alle transaktioner overlegne. Denne bevidsthed overvåger alle begivenheder, og kan gribe ind overfor utilsigtede mønstre og handlinger, på alle niveauer og til alle tider, hvis den enten selv observerer noget sådant, eller hvis individet gør opmærksom på den uheldige tilstand.

Hvis et individ derfor målrettet søger kontakt med sig selv enten ved påført sansning eller gennem en tanke, findes der en kommunikationsmulighed, en hotline, der dækker alle områder af kropsfunktionen, helt ned på det subatomare niveau.

DERFOR kan kropsgenopretning lade sig gøre.

Det er blot at starte processen.

"Der er ingen engageret mening med

LIVET

men et engageret

LIV

Giver mening."

11.

AFSLUTNING
og
HOVEDKONKLUSION

Bogens røde tråd har været at føre bevis for, at det vi mennesker kender som **intelligent LIV** på Jorden, skal ses som den kendsgerning, at det er den samme mekanisme, som eksisterer for det samlede univers.

Denne kendsgerning rummes af en af de største fysiks/matematiske forklaringer mennesket overhovedet har kendskab til, nemlig **kvantefysikken**.

Opdateret viden bekræfter helt nede på det subatomare niveau, at der er levnet plads til et islæt, af *en udefinerbar enhed*, der fører **stamcellens** opbygning og tilhørsforholdet baglæns mod vores univers opståen, og ud af det vi kalder vores univers.

Dette islæt har også grundlæggende indflydelse på menneskets molekylære muligheder og cellekonstellationer.

Denne særlige **intelligens**, kraft, egenskab, indgår i kroppens egen evne til at medvirke ved sygdomsbekæmpelse.

Hvis denne indsats ikke lykkes, eller at bedringen går for langsomt, kan det komme på tale for klienten at anmode en ekstern person om hjælp.

Her kan **kropsgenopretningsprocessen** komme på tale.

I kapitel 2 kaldet proappendiks forklares kort om vores univers og begrebet **LIV**. Det skyldes, at det danner nogle forudsætninger for bedre forståelse for den senere læsning.

I kapitel 3 omtaler jeg nogle faktorer, der har indflydelse på det **boglige indhold**.

I afsnit 3.1 forklarer jeg, **hvorfor jeg har skrevet denne bog.**

Jeg nævner flere årsager:
Den ene årsag er, at jeg vil dokumentere, at det alternative behandlingsmiljø absolut ikke behøver at have ophav i hokuspokushandlinger.

Det er ofte en anmodet, seriøs arbejdsindsats med og mellem mennesker i forsøget på, at tilføre et menneske i kropslig ubalance, en mulighed for at vende tilbage til en bedre kropstilstand.

Dermed forsøger bogen at skabe troværdighed omkring alternative behandleres arbejde, hvilket samtidig skulle kunne bygge bro til det etablerede sundhedssystem

En anden årsag til bogen er, at den gennem forfatterens oplevelser og erfaringer peger på, at menneskets cellestruktur, herunder måske særlige **videnceller** og **intuitivceller**, kan danne debatoplæg der kan føre til, at undersøgelse af menneskets tænkning, herunder den særlige **positive,** og **hukommelsesbegrebet,** giver behandlerne bedre redskaber for sygdomsbekæmpelse.

I afsnit 3.3 forsøger jeg mig med at forklare, **hvem jeg skriver for.** Jeg nævner nogle grupperinger, der ikke behøves at tages som prioritering.

I afsnit 3.4 har jeg forsøgt at forklare, hvorfor jeg har forsøgt at **undgå at anvende nedarvede begreber og termer** i bogen.

Jeg finder det besynderligt, at det moderne menneske stadig er låst fast til disse udtryk uden at have noget andet at sætte i stedet. Mange af udtrykkene er umoderne og mangler dokumentation. Derfor er min udlægning af den moderne videnskab samt egen brug af denne, uden anvendelse af de klassiske termer.

I afsnit 3.5 peger jeg på **mediernes ansvar** for viderebringelse af sundheds- og sygdomsrelateret information. Jeg påpeger faren ved at tilføre samfundet materiale, hvis indhold ikke er videnskabeligt funderet eller direkte fusk.

Jeg forstår godt, at det kan være svært, selv i en Internet tid, at være i stand til at skelne mellem hvad der er sandt, og hvad der er usandt og ukorrekt.

Jeg mener, at et så stort område som sundhedssystemet, kræver et særligt ansvar, når viden herom videregives.

I kapitel 4 forsøger jeg at klarlægge **kirkens og videnskabens ansvar.** Dels gennem oplysninger om fortidens fejlgreb, og dels ved at stille spørgsmål ved, hvorfor det alternative miljø fortsat skal holdes nede.

Hovedparten af det alternative miljø vil meget gerne i en dialog omkring og med sundhedsvæsenet i Danmark.

Det alternative miljø er også parate til dialogen uden at skulle diskutere fortidens synder fra alle sider. Jeg mener at de 2 omtalte områder har været barske overfor anderledes tænkende og reagerende. Det ville være befriende, om der vil blive strakt en hånd frem til forsoning, og givet håndslag på accept i et vist omfang.

Kapitel 5 er meget centralt stof, idet jeg forklarer, hvorfor netop **kvantefysikken** er mit grundlæggende værktøj.

Jeg hylder klart principperne bag kvanteteorien og udtaler, at det er en af de største og samtidig mest forklarende og brugbare fysiske dokumentationer.

Godt nok er teorien lidt gådefuld og vanskelig for menigmand, men når nu videnskaben tager den for pålydende, så kan den også tages til indtægt som mit forklaringsbillede og dokumentation.

Kapitel 6 er en gennemgang af de vigtigste vidensområder indenfor **kvantefysikken.**

Det er selvfølgelig en meget lægmandsbaseret gennemgang. Omtalen indeholder de væsentligste komponenter i teorien, og skulle være forklaring nok for menigmand til forståelse af, hvad det er, der dokumenterer **kropsgenopretningsprocessen.**

Kapitel 7, Halleluja afsnittet er kort og godt for at vise, at uanset i hvilken tilstand et menneske befinder sig i, og i hvilken grad det vedkender sig en religion, så går der i alle tilfælde en linie **bagud**, ikke kun til vores univers yderste grænse, men linien må gå over grænsen, til noget helt *uforståeligt*. Afsnittet er samtidig en markering af overgang til forfatterens eget behandlingssystem, viden og erfaring.

I kapitel 8 redegøres helt præcist for, hvad jeg forestiller mig, at den **skaber** der må eksistere udenfor vores univers, har haft som bevæggrund for skabelse af vores univers, og hvilke hjælpeværktøjer der fulgte med.

Det er godt nok et stort projekt, der er sat i værk.

Jeg påstår, at skaberen ikke kan tilhøre vores univers. At alle religioner har et menneskeligt ophav. Men vores cellegrundlag har et med fælles tilbagefald til **en skaber** udenfor vores univers og jord.

At der i hver levende celle på Jorden og eventuelt på andre planeter med mulighed for liv, er en iboende reference tilbage til **skabelsesøjeblikket** af vores univers.

Kapitel 9 gør klart, hvad der begrunder, at min **behandlingsproces** er sikret videnskabelig dækning.

Kapitel 10 er så en procesbeskrivelse af ***"FOKUS", kropsgenopretningsprocessen*** gennem et konkret eksempel.

11.1 HVORFOR — *DERFOR.*

Den globale situation og tidsalder mennesket befinder sig i begrunder, at tiden nu er kommet hvor religionerne må stå på egne ben, og klare sig på egne præmisser.

Hvis religionerne mener, at deres **gud** og profeter tilhører vores univers, er det selvfølgelig ok. Det må bero på det enkelte menneskes tillid til den tilvalgte religion, dens budskab og indhold.

Men religionerne skal i højere grad tillade naturens tilbagevenden til menneskets hverdag. Skal acceptere, at der er en uforklarlighed omkring vores univers oprindelse, og at der eksisterer en højere intelligens og bevidsthed.

Religionerne bør ikke længere fastholde mennesket og dermed dets krop i angst og usikkerhed for fremtiden og døden.

Videnskaben skal fortsat forske. Både af nysgerrighed men også til hjælp for menneskeheden. Den skal frigive information, men samtidig indrømme, at den ikke har patent på sandheden.

11.2 ACCEPT AF:

> Derfor har det **alternative behandlingsmiljø**, der arbejder i pagt med **universets intelligens** og **bevidsthed**, og dermed naturen, krav på fair play og accept.

Tidspunktet er nu nået for, hvor et meget magtfuldt og konservativt sundhedssystem og lægestand, må indrømme som eksempelvis i England, at **kropsgenopretningen/healingen** ikke er et enten/ eller, men et både/ og forhold.

Lægestandens modstand skal ses som et udslag af videnskabens forkerte paradigma. Endvidere at hovedparten af dens udøvere mangler en parathed til at fravige det uvante.

Måske i et misforstået hensyn til deres branche og fagpolitiske holdninger. Lægemodstandens kraftige negative holdning til **kropsgenopretningsprocessen** foretaget af andre end lægestanden selv, kan opfattes som en opførsel stik mod dens egen rationalitet.

Lægevidenskaben og delvist dens udøvere i hverdagen afviser på en meget irrationel måde, et kæmpe opbud af positive helbredelsesresultater, fordi det ikke lige passer ind i deres egen virkelighedsverden og uddannelse.

Hvis samfundets meningsdannere, politikere og lægestandens medlemmer vil menneskeheden noget godt, så vil de være parat til at acceptere *kropsgenoprettere/healere*, men i øvrigt også andre udøvere indenfor alternativ behandling, som supplement til lægeverdenens indsats for menneskeheden.

Alt andet virker som bedrevidende og brødnid.

Men hvad der er allervigtigst: Bogen sætter af fra den faglige viden samfundet har i dag, og i særdeleshed gennem **KVANTEMEKANISMEN** og tilknyttet matematik.

> Hvis min bog tages alvorligt, kan der lukkes ned for mange fremtidige irrelevante diskussioner om store dele af det *alternative miljøs behandlingsmetoder og resultater.*

Med bogen gøres det åbenbart, at kvantemekanikken rummer forklaringen på naturens og menneskets nærmest **uforklarlige genialitet.**

Forskerne har hidtil ikke kunnet assimilere begrebet *universel intelligens,* oplevet som bevidsthed, til matematisk formel.

Men det behøver de ikke at lade sig frustrere af, eftersom denne intelligens ikke tilhører vores univers.

***Lad dog tvivlen komme
menneskeheden
til gode!....***

PRØV
så at blive nysgerrig
og
læs postappendikset.

12.

POSTAPPENDIKS

Vigtigt supplement til bogens kapitler.

GENOMBEGREBET og ændret ADFÆRD (1)- MÅLRETTET TÆNKNING (2)- og HUKOMMELSE (3).

Da min bog ikke direkte omhandler ovennævnte temaer, er jeg nødsaget til at omtale disse temaer i et postappendiks.

Da efterfølgende stof imidlertid indgår som underforstået viden, har jeg skrevet dette kapitel 12, postappendiks, idet det danner den nødvendige baggrundsviden for, at kunne komme om bag den samlede forståelse af *kropsgenopretningsprocessens* muligheder.

Jeg håber derfor, at du *har* opdaget dette kapitel tidligere, og har læst det.. I modsat fald bør du læse det nu. Det kan måske besvare nogle uafklarede spørgsmål.

Faktisk er der så meget *nytænkning i det efterfølgende, at jeg er overbevist om, at en del snarest vil kunne danne basis for, at meget "uforklarligt"* gøres FORKLARLIGT og brugbart.

Jeg har bevidst udeladt detaljerede beskrivelser, og i stedet blot holdt mig til, at stoffet skulle være af orienterende art. Derfor er det indtil videre meget bredt beskrevet.

1. KROMATIN/KROMOSOMER - GENER.

Ordet **genom** er af græsk oprindelse og er en slags efterstavelse. Ordet oversættes korrekt til noget i retning af: "opstået af". I begrebet ligger implicit at ordet betyder: "arveanlæg".

Kromatinet er cellekernens vigtigste molekylære sammensætning, og udgør omkring 25 % af cellekernen. Det er identisk med begrebet **DNA**, og udgør det fremtidige individs arvemasse. Når cellen påtænker at dele sig, trækkes kromatinet sammen, og kromosomerne opstår.

I det menneskelige individ dannes 23 kromosompar. Hvert kromosom er et stort **DNA** molekyle. Disse forskellige **DNA** molekyler er sammensat af mindre enheder kaldet **gener**. Genantallet varierer fra **DNA** molekyle til **DNA** molekyle.

FB: Et genom er således en slags samlet lagret egenskab, så hvis alle generne er aktive, da fremstår den basale personlighed.

Så enkelt er det imidlertid ikke.

For nylig (2006-03-09) læste jeg, at en tilsyneladende videnskabelig undersøgelse, foretaget af Yoav Gilad ved University of Chicago, var refereret i bladet "Nature" med nogenlunde følgende indhold:

"Det blev refereret og fastslået at 99 % af chimpansens og menneskets genmasse er identisk. Gennem en undersøgelse af 907 fælles gener disse 2 partere imellem, oplystes det, at 19 % af det fælles genmateriale, **synes at være meget mere aktiveret hos mennesket end chimpansen.**

Altså må mennesket være i stand til at forstærke egenskaben. Formentlig gennem brug eller træning.

Jeg har også oplysninger om, at mennesket har en potentiel **genmængde** på 40-50.000 genmuligheder. Denne information stammer fra oplysninger, der er udsendt af en nedsat og meget højt estimeret gruppe af forskere i U.S.A.

I de senere år har der verseret videnskabelige udsagn om, at mennesket som en del af arvematerialet f.eks. har fået overleveret et fedmegen, eller et alkoholikergen.

Nogle forskere påstår, at hjernen hos det 2årige barn uopfordret af mennesker eller individet selv, skanner den genetiske situation hos sig selv for uhensigtsmæssig adfærd (adfærd der ikke fremtidigt skal bruges, f.eks. at kravle). Den uhensigtsmæssige adfærd fjernes fra videnområdet.

Grunden kan være at pågældende videnmateriale eller handling er irrationel i forhold til barnets fremtidige udvikling eller måske direkte hæmmer det, men en anden grund kunne være, at hvis det er korrekt at mennesket kun har 40.000 base genmuligheder, da vil det være en god ide at fjerne ubrugeligt materiale, for derved at frigive, og dermed genskabe mere plads i genpotentialets samlede masse.

Den 17. maj 2006 som er min næstsidste arbejdsdag for denne bog før aflevering, læser jeg følgende notat fra Berlingske Tidende, citat "Nu er menneskets gener kortlagt. Efter 16 års arbejde er det kolossale internationale forskningsværk Human Genome Projekt (HGP), færdig med at kortlægge menneskets arvemasse." Osv. (14 linier over 2 spalter.)

Dertil kan kun siges: "Godt gået drenge og piger".

MEN:

Netop i dag den 18. maj 2006 kom så uddybningen af artiklen fra i går.

Håndbogen over livets byggesten skulle være klar. Resultatet af 16 års forskning skulle være ved målet. Mennesket består af et antal kromosomer hvoraf kromosom 1 er langt det største med sine **3.141 gener.**

Artiklen peger imidlertid på, at nu er forskerne på vej ind i fase 2, der skal handle om, hvad generne gør, og hvordan de påvirker hinanden.

FB: *Det må siges at være en god ide, men hvor lang tid skal det så tage?*

Som omtalt er forskerne enige om, at det menneskelige individ har en vis mængde gener. Det undrer mig, at den offentlige diskussion er begrænset. Måske skyldes det, at det er svært stof for lægfolk.

Til gengæld går **DNA'et** sin sejrsgang for øjeblikket, ikke mindst fordi det synes at være mirakelmidlet for, og et mantraord i opklaring af kriminelle handlinger.

Gener manifesterer sig som værende eksponenter for kropsudseende, samt kropsstyrende og regulerende handlinger.

Det medfører de afledte spørgsmål:
"Hvor mange gener har mennesket, hvilke egenskaber repræsenterer de, og hvordan disponeres de af kroppen"?

De svar bydes der ind på i disse år, og samtidig forskes der på yderkanten af det forsvarlige.

Videnskabens indsats er meget ambivalent og sporadisk, og mangler efter min vurdering den overordnede sammenhæng.

Det synes ofte som om **DNA** og gener er to sider af samme sag, men spørgsmålet er om det ikke er diskutabelt?

Forfatteren:
Genomområdet er et meget spændende område med mange forgreninger. Det indgår i min bog på en sådan måde, at noget af den viden der findes på området, forklarer mit behandlingsgrundlag. Det bliver således en del af min dokumentation for **kropsgenopretningsprocessens** anvendelighed. Herom senere.

De informationer der frigives til omverdenen om forskningsresultater indenfor **DNA** og genområdet, virker meget tilfældige og synes for en lægmand mest af alt at være en slags "Klondyke" indsats.

Alles kamp mod alle. Hvem kommer først? Kan delresultaterne udnyttes kommercielt?

Det er en meget **farlig** udvikling, og der snydes og springes over. Dokumentationen mangler for forskningsresultater, hvilket tidligere var en funderet forudsætning.

Denne tilstand har imidlertid et gode, og det er, at alle åbenbart kan deltage. For mit vedkommende blot med formodninger om baggrunden for gode behandlingsresultater.

Men det er vel også ok? Det kunne jo være, at nogle med adgang til forskermiljøet kunne følge op på påstandene?

Det der er galt med tingenes tilstand i dag indenfor genforskningen er, at der mangles et **overordnet indblik og strategi**.

Indenfor hjerneforskningen, har man erkendt, at jo mere viden der afsløres, des flere uklarheder opstår der (%).

Det er det samme fænomen **DNA** og genforskningen står overfor.

Som jeg er orienteret, aner videnskaben faktisk intet faktuelt om **DNA'ets** fabelagtige evne til at "vide", at være intelligent. Der er ingen molekylær baggrund for en enhed der "kan regne den ud".

Det er faktisk den samme uklarhed, som jeg har fastholdt som forklaringsgrundlag for min behandlingsproces, **kropsgenopretning**, med henvisning til kvantemekanikken.

Grunden til at jeg i denne bog tager genproblematikken op er, at jeg har brug for den.

Samtidig har jeg et bud på den overordnede problemstilling, hvor jeg dels bruger genbegrebet til sygdomsbekæmpelse og dels forsøger at åbne op for, at der ligger et fantastisk perspektiv på området, hvis jeg har ret.

> **Jeg mener, at mennesket i hele sin levetid, vil være i stand til at ændre sin genetiske profil.**

Det er muligt, at der er en maksimumsgrænse for antallet af gener, men det kan også tænkes at rammen er så stor, at grænsen ikke kan nås i individets levealder. På samme måde som mennesket heller ikke kan opbruge sit potentiale af **neuronceller**.

Når jeg refererer til artiklen i Berlingske Tidende den 19. maj 2006 skyldes det at den entydigt tager udgangspunkt i en forskning, der selv om den synes overordnet, ikke er det, og samtidig peger den på sit utilstrækkelige resultat

Hvad betyder det at mennesket har 99 % fælles gener med chimpansen, **når det faktisk er genomets særlige evne der er langt mere interessant.**

Som tidligere beskrevet indeholder enhver molekylær konstellation og celletype den *universelle intelligens*, hvilket vil sige at den befinder sig i cellekernen og i kontakt med **kromatinet**.

I den tilstand er arveindholdet i en diffus tilstand. Der kan godt være både et "beriget" (mærket) potentiale der er indisponibelt, og et "uberiget", der altså er et potentielt disponibelt materiale.

Når kønscellen deler sig, og samler **kromatinet** til **kromosomspar**, er det kun den berigede arvemasse, der kommer med over i **DNA** afsættet som **gener**.

Tilbage i kromatinet kan der sagtens være et ikke aktiveret genpotentiale, der således ligesom viden om stamcellernes muligheder, blot venter på det rette øjeblik, for at lade sig aktivere og skabe en større beriget genmasse.

Gener, er efter min opfattelse, såvel kropslige relaterede egenskaber som adfærdsmæssige komponenter.

Aktivering af dette potentiale styres af det enkelte individs kontakt med uddannelseskrav, engagement, vilje og nysgerrighed.

Derfor er det klart, at hvis et menneske anvender en træning, hvor der fokuseres gennem *målrettet POSITIV tænkning,* så er det muligt at opnå en fremtidig mere stabil adfærd, hvis det er målet.

En profilændring til det positive.

Derfor kan en person *kvalitetsforbedre* sig hele livet.

(Desværre så også det modsatte).

Personligheden er således ikke stationær, men mobil, hvilket i øvrigt passer fint med **kvantefysikken.**

Mine positive behandlingsresultater af klienter med uhensigtsmæssige vaner, der lader sig ændre, bekræfter denne situation.

2 og 3 I SAMMENHÆNG.

Sondringen mellem tænkning (2) og hukommelse (3), skal opfattes som, at ikke alle tanker nødvendigvis skal opbevares.

Eksperimentelle, abstrakte tanker foregår i **storhjernes frontallap** og inddrager ikke som naturlov **det limbiske system**.

> *Forfatteren:*
>
> *Målrettet tænkning* inddrager til gengæld det limbiske område, og er forklaringen på, at tænkning og hukommelse indgår som aktører i *kropsgenopretningsprocessen*.

2. TÆNKNING.

Mennesket har gjort en dyd af, at påpege at det er dyreverdenen overlegen i kraft af dets særlige hjernestruktur.

Det er en urgammel holdning af både kirkelig og videnskabeligt ophav (se afsnit 4.)

Det er selvfølgelig delvist rigtigt. At kunne tænke både som handlingsgrundlag og at kreere abstrakt tænkning gør en afgørende forskel i forhold til dyreverdenen.

Men dermed er *ikke* indbygget den selvfølgelige kendsgerning, at mennesket har en særlig mission på Jorden. Det beror på menneskets eget behov for, at distancere sig fra dyrene og den øvrige del af naturen.

Når en **tanke** iværksættes påbegyndes en proces. Dels en energimæssig tilstand og dels en kemisk. Sidstnævnte anvendes i synapsekløften. Processen skal til for at tankens budskab kan komme under behandling.

Budskabet kommer frem via **neuroncellerne.** Tankens bestemmelsessted vil typisk være i neocortex, nærmere betegnet i frontallappens venstre del, der typebestemmer indholdet, budskabet. Har den ikke en karakter af sensorisk, refleksbetinget handling eller af abstrakt indhold, vil den blive henvist til det limbiske system til endelig vurdering.

Det første sted hvor tænkningen kan foregå er i **storhjernen,** primært i den nyeste tilkomne del, **neocortex, frontallap området.**

Det andet sted hvorfra tænkningen kan finde sted er i **det limbiske område.** Her er det kerneområderne **amygdala** og **hippocampus,** der involveres ved den målrettede tænkning.

Når den **målrettede tænkning** indfanges i det limbiske område, vil tankesættet kunne inddrage viden og oplevelser, der samtidig har stort indhold af følelsesmæssig karakter.

Forfatteren:

Det er min vurdering at der i det **limbiske system** i hjernesystemet må findes 2 cellelinier, der ikke er kendte og veldefinerede celler i den moderne kropsvidenskab.

Den ene cellelinie indeholder menneskets **innovative- og intuitivceller.**

Den anden linie er menneskets **videnceller.**

Sidstnævnte beskrevet i efterfølgende afsnit om hukommelsen.

Begge cellelinier har udgangspunkt i **stamcelleteorien**, men har udviklet sig radikalt eftersom behovet er opstået, og evolutionen er pågået.

Enhver stamcelle indeholder den **universelle intelligens, bevidsthed**. Stamcellen kan forblive udelelig og uspecialiseret hele individets levetid. På den måde er den et slags reservedelslager.

Men stamcellen kan også vælge gennem deling og specialisering, at blive en af de over 250 celletyper, der er i kroppen. Celletyperne fremstår i forskellig form, fra meget let opløselige molekylære forbindelser til den helt hårde konstruktion som i skelettet. Omtalte kendte celletyper fra denne bog er f.eks. immunsystemets celler eller nervesystemet med neuronceller.

Da det første "rigtige" menneske fra opret stilling satte begge bagben på Jorden og begejstret klappede med forbenenes nedre dele, hænderne, for velgennemført handling, gik mange ting stærkt. Deriblandt den tankemæssige evolution.

Genforbruget var på daværende tidspunkt ikke særligt stort. Der var imidlertid anlæg for celletyper der kunne fremelske fremskridtet. Derfor opstod innovations/intuitivcellen. Den er associeret tanken og tænkningen.

Cellelinien der angår de innovative, intuitivceller, giver svaret på meget af det uforklarlige der opstår i menneskets hverdag og reaktionerne herpå.

Postappendiks - 163

Dette cellekompleks hører faktisk **psykologien** til, så det er måske en god ide, at placere psykologien helt og holdent til det **limbiske område**, hvor det rettelig burde høre hjemme.

Jeg er opmærksom på, at der netop i foråret 2006 er fremført en viden om, at menneskets intuitive evner skal henføres til frontalområdet, altså i neocortex. Jeg mener ikke, denne påstand er korrekt.

Jeg mener, at der til innovative, intuitivceller, knytter sig et særligt forhold til kvanteteoriens begreber som **somatiske markører**

Det begreb kan sagtens være medspillere til det der foregår i det limbiske system og dermed omtalte celletype. Markørerne anvender øjensynlig ikke neuron/synapsefunktionens mulighed for at formidle eller blokere information.

I stedet foregår kommunikationen og den molekylære udladning efter kvantefysikkens regelsæt.

Disse **somatiske markører** eller **virtuelle overgange**, optræder meget lig det bindemiddel af molekylært indhold som neuropeptidet og neurotransmittet, gør det i neuronet.

> Jeg tolker deres grundlæggende eksistensberettigelse som subatomart nærvær, som en slags kommunikationsformidler på lige fod med neuronet, men uden en betinget refleksion til CNS, men snarere til visse organer.

3. HUKOMMELSE.

Videnskaben har intet ordentligt bud på, hvor mennesket opbevarer sin viden, altså hukommelsen. Ej heller i hvilken form hukommelsen optræder.

Det undrer mig, og jeg har måttet forholde mig til den situation, fordi jeg har en klar opfattelse af, hvor menneskets videnområde er, og hvorfor det netop er der. Endvidere har jeg et bud på, hvordan formen for opbevaringen må være.

Forklaringen på, at jeg har det, skyldes at mit terapeutiske arbejde gang på gang har påvist, hvordan det forholder sig.

Forfatteren:
Når det øjensynligt er så svært at sted- og formfæste hukommelsen, må det ganske enkelt skyldes, at menneskets hukommelse er en cellekonstruktion i en mere eller mindre flydende, molekylær vævskonstruktion hvilket vil sige at al vor viden opbevares i meget små subatomare enheder.

Det burde egentlig ikke være så svært at argumentere for, med den viden der er kendt fra det **kvantefysiske** område. Fremtidens lagring indenfor IT-området peger på begrebet **virtuel lagring**.

Det er i det format menneskets hukommelse arbejder.

Som omtalt under tænkningen vil arkiveret molekylær viden være at finde i det limbiske område og være styret fra hippocampus strukturen, der samler **videncellerne**, når tænkningen indledes, eller når viden skal arkiveres.

Videncellerne kan være specialiseret i et *erindringsviden-center* og *færdigheds/almen videncenter*. Denne videnlinie med videncellerne er ligeledes udgået fra vores stamcellegrundlag. Jeg må konstatere, at tænkningens og hukommelsens ingredienser er tæt forbundne.

Strukturen kan være efter samme grundprincip som for eksempel et synsindtryk, der videregives mod hjerneområdet og opfattes i **thalamus** placeret i storhjernen, og herefter dels reflekteres til neocortex og dels til amygdala.

På samme vis kan det være en kendsgerning, at en tanke, der ikke absolut skal udløse en neuronimpuls, udløses i det limbiske område, for her at udøve sin opgave, i nærheden af *viden og innovations/intuitionscellerne*.

Det er en kendt sag i dag, at nervecellemængden reduceres hele menneskelivet igennem, for endeligt at uddø med menneskets endeligt. Det skyldes neuronets manglende evne til at dele sig.

Noget tyder imidlertid på at menneskets kropslige kommunikationssystem kan udvikles gennem hele livet. Det er påvist at dendritternes antal kan øges gennem brug, og derigennem forbedres interaktionen mellem cellerne.

En anden mulighed er, at *målrettet tænkning* der foregår i det limbiske system, faktisk også bidrager til øget udvikling af kropscellernes kommunikationsmuligheder, samt bruges til at udvikle og udfylde menneskets potentielle genmuligheder.

Det skal her huskes, at disse celler indeholder, som alle andre celletyper, en enhed af den - *universelle intelligens*.

"LIVET

kan leves som en lukket bog,

men

en åben bog lukker op for

LIVET".

GODDAG- til noget af det eksistentielle.

Altruisme, Næstekærlighed:... 119, 120
DNA:... 10, 43, 63, 80, 156
E=o:... 6, 68
Frontallap: 54
Genom:.. 152
Hukommelse: 163
Kromatin: 157
Limbiske system: 23
Kvante "Rest": 40, 43, 49, 76
Metafysikken: 6, 46
Neuronet:... 57, 75, 160
Neuropeptid, Transmitter:...................................... 61, 66, 79, 81
Neo Cortex:.. 68, 70, 109, 115
Placebo:.. 116
Sansning:.. 107
Somatiske markører: 54, 80, 162
Sjæl: 19
Sind: 20
Stamcelle:... 9, 64, 161
Synapse-kløft/spring: 58, 78, 105, 108, 117, 135
Subatomare: 48, 50
"The Big Bang" (TBB): 5, 6, 43, 91, 93
Tanke:.. 69, 70, 79
Ubestemthed: 45, 47, 51, 53
Virtuelle partikler, overgange:..................................... 47, 71, 80

GODDAG- til FREMTIDEN

Alle Pillers "Moder": 103

Alternativ kommunikation: 110

"FOKUS": 89

Genetisk profil: 157

Innovationsceller: 110, 163, 164

Kropsgenopretningsproces: 42, 102, 123, 155

Målrettet opmærksomhed:77, 92, 97, 98, 108, 112, 120, 158, 159

Paradoksalt mirakel: 92

Positiv tænkning: 117, 127, 144, 158

Sans, Den 6.: 110, 113

Tilbagefaldsgen: 91

Telepatisk Neo Cortex: 110

Universel intelligens: 31, 94

Universel bevidsthed: 31, 95

Videnceller: 110, 163, 164

"Øjeblik 1": 93

www.ingramcontent.com/pod-product-compliance
Lightning Source LLC
Chambersburg PA
CBHW022011160426
43197CB00007B/387